中国名村志文化工程
Culture Project of Local Records of China's Famous Villages

獐岛村志

LOCAL RECORDS OF ZHANGDAO

辽宁省东港市北井子镇獐岛村志编纂委员会　编

方志出版社
Publishing House of Local Records

图书在版编目（CIP）数据

獐岛村志 / 辽宁省东港市北井子镇獐岛村志编纂委员会编. -- 北京：方志出版社，2017.12

（中国名村志丛书）

ISBN 978-7-5144-2786-8

Ⅰ. ①獐… Ⅱ. ①辽… Ⅲ. ①村史—东港 Ⅳ. ① K293.15

中国版本图书馆 CIP 数据核字（2017）第 305091 号

· 中国名村志丛书 ·

獐岛村志

编　　者：辽宁省东港市北井子镇獐岛村志编纂委员会
责任编辑：高孟君

出 版 人：冀祥德
出 版 者：方志出版社
地址　北京市朝阳区潘家园东里 9 号（国家方志馆 4 层）
邮编　100021
网址　http://www.fzph.org
发　　行：方志出版社图书经销中心
电话　（010）67110500
经　　销：各地新华书店
排　　版：北京纺印图文设计制作有限公司
印　　刷：北京中科印刷有限公司

开　　本：787 × 1092　1/16
印　　张：13.75
字　　数：248 千字
版　　次：2017 年 12 月第 1 版　2017 年 12 月第 1 次印刷

ISBN 978-7-5144-2786-8　　定价：110.00 元

◉ 序一

连绵不断地编修地方志是中国独有的优秀文化传统，承担着赓续文明、传承文化的重任。保存至今的8000余种、10万余卷历代方志，蕴含着传统文化基因和海量文化信息，既是中华优秀传统文化的重要组成部分，又是传承、彰显中华优秀传统文化的重要载体。

在各种类型的地方志编纂中，村志编纂古已有之，但从未进入国家层面的地方志编纂序列。新中国成立以来，党中央、国务院高度重视包括村志编纂在内的地方志工作，出台了重要文件。中央领导发表了重要讲话、作出了重要批示。习近平总书记高度重视包括村志编纂在内的地方志工作。2004年10月，他在担任浙江省委书记时到江山市凤林镇白沙村考察，看到村民编纂的《白沙村志》，鼓励村民把村志继续编纂下去。2014年4月，刘延东副总理在与第五次全国地方志工作会议部分会议代表座谈时指出："要结合发展的新形势，加强对地方志包括部门志、行业志、专题志、乡镇村志编纂的业务指导和服务。"2015年8月，国务院办公厅印发的《全国地方志事业发展规划纲要（2015—2020年）》，正式将中国名村志文化工程列为主要任务之一。2017年5月，中共中央办公厅、国务院办公厅印发的《国家"十三五"时期文化发展改革规划纲要》指出："完成省、市、县三级地方志书出版工作。开展旧志整理和部分有条件的镇志、村志编纂。"可以说，村志编纂迎来了历史上的最好时期。

农业、农村、农民"三农"问题，是数千年来影响中国社会发展最核心的问题。中共中央高度重视"三农"工作，从2004年起，连续13年，每年的中央1号文件都聚焦"三农"。中共十九大报告更是提出"农业农村农民问题是关系国计民生的根本性问题，必须始终把解决好'三农'问题作为全党工作重中之重"，特别是提出了"乡村振兴战略"，这是中国共产党在中国特色社会主义进入新时代后，对农村发展问题所做出的准确把握和与时俱进的战略应对，是建设中国特色社会主义强国战略的重要组成部分。改革开放近40年来，在党中央、国务院高度重视社会主义新农村建设的新形势下，各地涌现出一大批历史文化名村、经济强村、新农村建设示范（试点）村、美丽乡村和特色村，成为先进生产力和先进文化的代表。客观记录中国农村全面建成小康社会的进程，向后人展示在中国共产党领导下农村千年未有的巨变，是地方志工作者肩负的光荣而重大的历史使命。编纂中国名村志丛书，是记载当代中国农村发展变革的重要途径。

文化寻根，寻的是其发展的源头和根基。村落是中国传统文化的根基所在。农村的生产生活方式、社会规范、宗族文化、宗教文化、民风习俗、传统节日、民间艺术等，无不镌刻着中国人独特的民族性格，这就是家国情怀、文脉绵延、精神归属。在快速城镇化进程的冲击和开发性破坏下，大量传统村落面临消亡的危机，村落蕴含的历史文化信息也流失殆尽，抢救性保护刻不容缓。编纂中国名村志丛书，是保存村落历史文化信息，抢救、保护村落文化最好的方式。

一方水土养一方人。家乡的山水草木、村间小巷、乡俗民情会在每个人心头留下深刻的烙印，这就是故土情结。而村落的形成与发展离不开人的活动。编纂中国名村志丛书，通过记述村落建筑、名门望族来追溯村落的历史；通过记述村落规模、布局、人口、物产等反映人口来源、宗族兴衰、生活习惯、文化背景、宗教信仰、经济发展等，体现环境与人相互影响、相互作用、相互发展的既矛盾又统一的关系；通过记述戏剧、音乐、舞蹈、美术、文学、手工技艺等文化形式，展示百姓在长期的生产生活实践中摸索和总结出的智慧结晶，强化人们沟通感情的纽带。编纂中国名村志丛书，是传承乡俗、诉说乡音、记住乡愁、纾解乡思，激活历史传统、唤起共同文化记忆、塑造共同心灵认同的重要文化工程。

中国名村志文化工程以践行文化自信、传承中华文脉、彰显时代发展为己任，以打造全国地方志系统的重要品牌为目标，在体裁运用、篇目设置、资料选择等方面进行大量的创新，突出“名”和“特”，拣选各个名村中最值得记述、最具有代表性的人、事、物，予以浓墨重彩的描画，从而形成系列的、高质量的、可读性强、雅俗共赏的地方志读本，让地方志紧接地气、贴近百姓，让地方志成果进入寻常百姓家，让人民群众共享地方志成果，让越来越多的人从地方志中感知传统、历史和记忆，成为传统村落和传统文化的守护者，成为中华优秀文化的传承者。

是为序。

中国社会科学院院长
中国地方志指导小组组长
2017年11月

◉序二

习近平总书记指出：“让居民望得见山，看得见水，记得住乡愁。”这句富有诗意的重要论述不仅唤醒了中国人城镇化建设过程中对于人和自然关系、人和历史关系的思考，同时也引发了学界对“乡愁”进一步进行文化意义解读的兴趣。从本质上看，乡愁是一种源自主体体验的情感，隐含了一种人们带着乡愁追寻自我生存与生命意义、追寻诗意栖居的精神家园的美学思辨。同时，这种追寻自我生存的主体逐渐转向大众群体，乡愁也由传统单一的“文化乡愁”“爱国情怀”演变为对于“理想家园”的精神追求。

中国有近60万个村庄，约有5000个古村落，被住房城乡建设部和国家文物局界定的传统村落就有1561个。随着中国城镇化步伐的加快，乡村的版图日渐凋敝，大批农村青壮年劳动力走进城镇，融入了新的生活。然而，每逢传统佳节，那种挥之不去的离愁别绪挟裹着亿万农民工，又融入了返乡的滚滚洪流。这是乡愁的情愫牵动着他们，是故乡的山、故乡的水、故乡的老屋、故乡的小吃在牵动着他们，是故乡家家户户的楹联和口口相传的故事，以及只有在隆重的传统佳节才有的古老的民风习俗在牵动着他们。

文化可以体现一个民族、一个国家、一个社会的重量与体温，这是文化的力量之所在，而村落是传统中国的根脉所系，乡土社会是最能够体现中国传统文化特征的地方。梁漱溟曾指出：“中国文化是以乡村为本，以乡村为重，所以中国文化的根就是乡村。”我曾在《建设社会主义新农村的理论与实践》一书中指出，在新农村建设的过程中，必须“保护和发展有地方和民族特色的优秀传统文化，创新农村文化生活的载体和手段，满足农民群众多层次、多方面的精神文化需求”，而编纂村志尤其是实施中国名村志文化工程就是一个重要举措。实施中国名村志文化工程，编纂中国名村志丛书，以最基层的村落为研究对象，寻根传统村落的历史，梳理村落的发展脉络，以唤起人们的归属感和认同感，探索新型城镇化和社会主义新农村建设过程中，如何留住乡音、乡风、乡思，继承传统文化精华，挖掘丰富历史智慧，是贯彻落实中央城镇化工作会议精神和中共十九大提出的“乡村振兴战略”的重要举措，是当前和今后一个时期全国地方志工作者的重要工作。

虽然村落文化正在日益远离当下生活，但我们可以抓住诸如基本村情、文物胜迹、古村保护、特色文化、旅游名胜、村域经济、风土民情、村民生活、新农村建设、艺文杂记、名人与名村等关键内容，通过志书的手法来诠释乡村文化的精华。我们如实记录着村落里的人和事，以及青山绿水、小河大树、袅袅炊烟，力争以最完整、最原真的方式呈现村落的前世今生。我们要为“迷失”的人留住乡村文化的根脉，让人们难以割舍的乡愁得以慰藉和释放。

中国名村志文化工程将触角伸向那些极具代表性的村落，它们有的历史悠久、名人辈出，有的经济腾飞、重获新生，有的风景秀丽、景观独特，有的地处边陲、神秘莫测……我们挖掘中国不同类型村落的发展之路，为探索新型城镇化和社会主义新农村建设的发展经验、发展模式、前进道路提供历史智慧和现实借鉴。因此，打造以重在表现乡村嬗变为主旨的中国名村志丛书十分必要和迫切，这是一项功在当代、利在千秋的文化工程。

近年来，随着中国经济社会的发展和国际地位的提高，越来越多的人想要认识中国、了解中国、研究中国。在这样的形势下，乡村是不可或缺的一环，我们要集中讲好发生在乡村的故事，向世界呈现一个多元的、立体的中国。乡村历经岁月变迁的风雨，见证着改革开放的步伐，寄托着数代中国人的情感。发生在乡村的故事无疑是血肉丰满的、震撼人心的、引起共鸣的。我们应该有这个自信能够讲好乡村故事，讲好中国故事，描绘出中国的底色，“让每一个中国人都能在地方志中找到自己的位置”。

可喜的是，越来越多的有识之士认识到了这一点，加入到保护、传承、发展村落文化的队伍中来。仅就编纂中国名村志丛书来看，第一批的申报范围就涵盖包括香港特别行政区在内的 32 个地区，申报数量高达 70 余部。“直笔著信史，彰善引风气，为当代提供资政辅治之参考，为后世留下堪存堪鉴之记述”，这是我们的初心和使命。希望中国名村志文化工程的实施，能够带动更多的人关注中国乡村文化，为社会主义文化强国建设作出更大的贡献。也希望越来越多的名村都来融入继承中华文化传统、颂扬中华传统文化的活动中，让正能量更多地润泽温暖人们的心灵，让更多的人“记得住乡愁”！

是为序。

中国社会科学院副院长
中国地方志指导小组常务副组长 李培林
2017 年 11 月

◉ 中国名村（名镇）志丛书辽宁编纂指导小组

组　长　鄢钢城

副组长　麻志杰　林燕燕

成　员　吴　歌　李明哲　赵国辉　李　栋　刘忠义　黄文科　祖丽敏
韩晓东　李立新　叶红钢　赵　丹　郎景成　刘亚辉　王玉来

◉ 辽宁省东港市北井子镇獐岛村志复审委员会

主　任　潘　爽

副主任　于永先　黄文科

成　员　卜俊丽　伊炳洁　李小琳

◉ 辽宁省东港市北井子镇獐岛村志编纂委员会

主　　任　杨乃文　姜乃东

常务副主任　林竹红　杨　松

副 主 任　赖　明　车世刚　孙文博　吕大伟　于全海
袁家锐　张美华　陈福利　赵　铭

委　　员　宗　华　王　军　李全政　汪　洋　宁作文　孟繁利　杨平安
刘作仁　杜旭阳　王天久　赵璀瑛　卢　军　郑　毅　张忠有

◉ 辽宁省东港市北井子镇獐岛村志编辑部

主　编　赵　铭

特约编审　戴桂云

编　辑　张　涛　许敬文　李增进　于丰敏

编　务　王　惠　马　峰　潘忠芬　郭华强　张吉庆　张　冬

摄　影　孟昭材　杜生军　刘芳春　张文彬

中国獐岛

◉ 中国名村志丛书凡例

一、以马克思列宁主义、毛泽东思想、邓小平理论、“三个代表”重要思想、科学发展观、习近平新时代中国特色社会主义思想为指导，坚持辩证唯物主义和历史唯物主义的立场、观点和方法，存真求实，全面、客观、系统记述我国村落发展变化进程和改革开放成果，传承和抢救乡土历史文化，激发爱国爱乡情怀，为探索中国特色新型城镇化建设、社会主义新农村建设的发展经验、发展模式、前进道路提供历史智慧和现实借鉴。

二、为全面反映入志事物发展脉络，各志上限尽量追溯至事物发端；下限一般断至各村志启动编修年份，个别重大事项可延至搁笔。

三、记述地域范围以下限年份的行政辖区为主。为体现名村在更大区域内的意义，可以从更开阔的区域视野记述与该村相关的内容。

四、统一采用纲目体，设类目、分目、条目三个层次。横排门类，纵述史实。除《中国名村志丛书基本篇目》要求的必设类目外，其余类目根据各村实际，依照突出时代特色、地方特色的原则自行安排。

五、综合运用述、记、志、传、图、表、录等各种体裁，以志体为主。

六、除引用文字和附录文献资料外，统一使用规范汉字及现代语体文记述体。记事坚持秉笔直书、述而不作，只记事实，不作评论，寓观点于材料之中。行文力求朴实、严谨、简洁、流畅、优美，具有较强可读性。

七、人物部类遵循“生不立传”原则，人物传主按生年排序，只选录对本村发展有重大影响的人物，不面面俱到。

八、所需数据一般采用政府统计部门数据，无政府统计部门数据时选用主管部门正式提供的数据。

九、数字用法、标点符号、计量单位分别执行国家标准《出版物上数字用法》（GB/T 15835—2011）、《标点符号用法》（GB/T 15834—2011）、《国际单位制及其应用》（GB 3100—1993）和《有关量、单位、符号的一般原则》（GB 3101—1993）。历史上使用的计量单位，如斗、石、里、尺、磅、华氏度等，在引文时可照录。考虑到社会使用习惯，全书中亩不统一换算，1 公顷＝ 15 亩。

十、自中华民国成立后的纪年，均使用公元纪年。志中所称“解放前（后）”，以当地解放日为界；“新中国成立前（后）”，以中华人民共和国成立日 1949 年 10 月 1 日为界；“改革开放前（后）”，以中共十一届三中全会召开的 1978 年 12 月为界。本志“×× 年代”，凡未加世纪者，均指 20 世纪的年代。

十一、为节省篇幅，避免重复，本志采用条目互见法。参见条目的表示形式为：参见本志“×× 类目 · ×× 分目 · ×× 条目”。

十二、对旧志、古籍中的繁体字、冷僻字一般用简化字或通用字替换，易引起误解的则保留。

十三、记述各个历史时期的党派、机构、职务、地名等，均以当时的名称为准。对频繁使用的名称，首次用全称，其后用简称。

十四、各村志需要单独说明的事项，均在各自编纂始末中记述。

獐岛村在中国的位置

黑龙江省
哈尔滨
吉林省
长春
辽宁省
沈阳
东港市
獐岛村
内蒙古自治区
呼和浩特
北京市
北京
天津市
天津
河北省
石家庄
山西省
太原
山东省
济南
新疆维吾尔自治区
乌鲁木齐
甘肃省
兰州
宁夏回族自治区
银川
青海省
西宁
陕西省
西安
河南省
郑州
江苏省
南京
安徽省
合肥
上海市
上海
西藏自治区
拉萨
四川省
成都
重庆市
重庆
湖北省
武汉
浙江省
杭州
江西省
南昌
湖南省
长沙
福建省
福州
贵州省
贵阳
云南省
昆明
广西壮族自治区
南宁
广东省
广州
香港
澳门
台湾省
台北
台湾岛
钓鱼岛
赤尾屿
海南省
海口
海南岛
东沙群岛
西沙群岛
永兴岛
中沙群岛
黄岩岛
南沙群岛
曾母暗沙
渤海
黄海
东海
南海
黄河
长江
图例
北京 首都
天津 省级行政中心
未定 国界
省、自治区、直辖市界
特别行政区界
名村所在县级区域
名村
1：32 000 000
审图号：GS（2017）3697 号

獐岛村在辽宁省的位置

图例

沈阳	省级行政中心
本溪	地级市行政中心
凤城	县级行政中心
	省界
	地级界
	名村所在县级区域
	名村所在乡镇
	名村

1∶3 590 000

审图号：GS（2017）3697 号

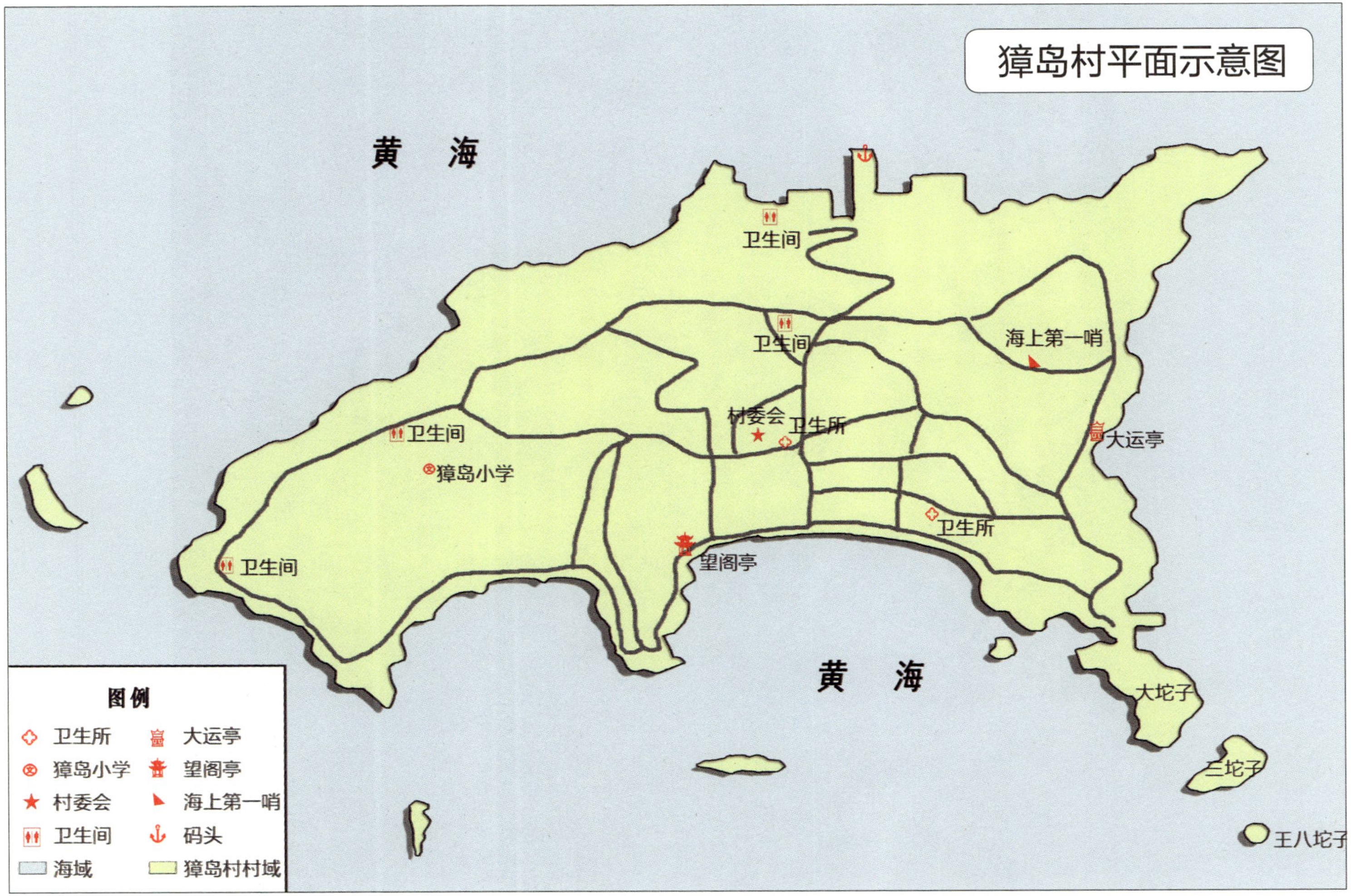

獐岛村平面示意图
黄 海
卫生间
卫生间
海上第一哨
村委会
卫生所
大运亭
卫生间
獐岛小学
卫生所
卫生间
望阁亭
黄 海
大坨子
三坨子
王八坨子
图例
卫生所
獐岛小学
村委会
卫生间
海域
大运亭
望阁亭
海上第一哨
码头
獐岛村村域

獐岛全貌

大运亭

海鸟展翅

客轮

绿树掩映下的民宿

位于村委会前路边的壁画《民风民俗》

海上垂钓

退潮的滩涂

香炉坨子

◉ 目录

1 海角獐岛，魅力渔村

9 基本村情

10 **建置沿革**
10 村落历史
10 辖区归属变迁
11 **区位　交通**
11 区位
12 交通
12 **人口**
12 人口总量
13 姓氏
14 民族
14 **地质　地貌**
14 岛
15 坨
15 礁
16 浅海
16 滩涂
17 **气候**
17 日照
17 气温
17 降水
17 潮汐
19 季风
19 **动植物**
19 植物
21 动物
21 **村级组织**
21 村党支部委员会
22 村民委员会
22 村渔民协会
22 村民自治

24 **经济概况**
24 发展现状
25 发展规划
25 **基础设施**
25 道路
26 防浪堤
27 通信
27 供水
28 供电
28 **教育　卫生**
28 教育
30 卫生
31 **村民生活**
31 收入
31 消费
32 福利
33 文体
33 **文明新风**
33 爱国爱岛
35 自立自强
36 诚信友善
38 仁爱孝悌
38 夜不闭户
39 拥军爱民

43 海岛旅游

44 **旅游规划与实施**
44 旅游规划
45 复建妈祖（海神娘娘）庙
46 扩建滨海广场
46 成立旅游、客运公司
46 重建客运码头候客厅
47 建设景观亮点
48 购置客船快艇
48 改造水电道路
49 **獐岛八景**
49 石栏观潮
50 观音面海
51 潮头麒麟
51 大运日出
53 海角公园
54 东山极顶
54 大旺晚霞
56 妈祖护海
56 **獐岛观鸟**
56 候鸟种群
57 海岛观鸟
58 **休闲体验**
58 观海听涛
59 洗海水浴
60 沙滩漫步
61 海上垂钓
62 礁石捉蟹
63 海滩拾贝
63 出海体验
64 做客渔家
65 海滩烧烤

65 **旅游机构**
65 东港市獐岛旅游公司
66 东港市民生獐岛客运有限公司
66 游客中心
66 **旅游服务**
66 安全保障
67 环境卫生整治
68 应急管理
68 **旅游配套**
68 民宿客栈
68 宾馆酒店
69 旅游线路

71 渔业生产

72 **海上捕捞**
72 生产体制
75 海产鱼类
76 捕捞网具
78 **海产养殖**
78 滩涂养殖
79 浅海养殖
80 海产贝类
82 **加工**
82 传统加工
83 代加工
83 加工企业
83 **销售**
83 自产自销
83 代购代销
84 岛外展销

85 风情风物

86 **妈祖信仰**
86 妈祖（海神娘娘）庙
88 祭祀活动
89 文化传承
90 **生产习俗**
90 祭祀海神
90 随季作业
90 伏季休渔
90 **生活习俗**
90 吃
91 穿
92 住
92 行
92 婚
93 寿辰
93 葬
93 **岁时节令**
93 除夕祭祀
93 正月十三海神生日
93 正月十五送灯
93 三月二十三妈祖庙会
94 **游艺　习俗**
94 渔家秧歌
95 广场舞

95 篝火晚会
95 棋牌游戏
95 **方言　俗语**
95 渔家方言
98 渔家俗语
98 渔家谚语
99 渔家歇后语
99 **渔家禁忌**
99 生产禁忌
100 生活禁忌
101 **獐岛八鲜**
101 梭子蟹
102 黄蚬子
104 杂色蛤
105 对虾
105 牡蛎
106 虾蛄
107 缢蛏
108 鲈鱼
109 **獐岛土特产**
109 时令海鲜
110 海鲜干品
113 海鲜酱品

115 艺文杂记

116 **诗与歌**
116 战友
116 忆连史
117 35 年后重回小鹿岛感怀
117 小鹿岛守备连登岛 60 周年感怀
117 小鹿岛情怀
118 獐岛
118 獐岛记
119 獐岛潮
119 喝火令・獐岛行（三首）
121 鹧鸪天・游獐岛
122 七绝・海岛拾趣
122 七绝・渔村曲
122 獐岛风情（村歌）
123 小鹿岛驻军连歌
124 **散文**
124 渔船上的十二属相
132 第二故乡
137 **民间传说**
137 杨二郎挑山填海
142 八差仙女
145 海神娘娘
146 獐岛和鹿岛的传说
148 会预报天气的江猪
149 **绘画　书法**

153 乡贤人物

154 **人物传略**
154 张永顺
155 由兴教
155 郭洪章

155 张连荣
156 郭元庆
156 张连作
157 张连祥
157 杨从礼
158 郭增
158 **功臣与獐岛**
158 驻岛建岛功臣杨忠贤
160 “东港首富村”领头人杨秉记

163 大事纪略

164 **獐岛西南海域发生震惊中外的中日甲午战争之黄海海战**
164 **獐岛女民兵**
165 **修建码头**
166 **1994 年荣获“东港市首富村”称号**
167 **2004 年争取 6.7 万亩浅海资源使用权**
167 **2011 年《獐岛风情》获第二届中国村歌优秀奖**
168 **获得“全国民主法治示范村”“中国最美乡村”等称号**
170 **2017 年獐岛景区被评为国家 AAAA 级旅游景区**

171 附录

172 **村规民约**
172 獐岛村《村规民约》
176 补充条款
180 **申报国家 AAAA 级风景区**
180 獐岛景区景观质量报告
184 **地方志、年鉴记载獐岛辑录**
184 民国《凤城县志》辑录
185 《东沟县志》辑录
185 《东港市志（1986—2005）》辑录
185 《丹东市志》辑录
186 《丹东市政区概况》辑录
186 《东港乡镇概况》辑录
187 《东港年鉴》辑录

189 主要参考文献

190 编纂始末

停泊在港湾的渔船

海角獐岛，魅力渔村

獐岛地处辽宁省东港市北井子镇西南部，是中国万里海岸线最北端起点第一岛，是国家 AAAA 级旅游景区。獐岛四面环海，岛屿面积 0.96 平方千米，全岛有 4.88 千米的岛岸线，6000 余亩滩涂和 7.8 万余亩浅海资源。2016 年，獐岛村总户数 216 户，总人口 643 人。村里主要收入来源于旅游、捕捞和滩涂海水养殖。獐岛具有得天独厚的地理位置优势和秀美的自然风光，周围有大坨子、三坨子、香炉坨子、半拉坨子、王八坨子、酥坨子和王八炕、鹰嘴石、鳖鱼礁等坨礁。獐岛山青崖峻，林木茂密，合欢树遍及全岛，形成独具特色的海岛风光。海岛之景美不胜收，令人陶醉，蓝天碧海之下的獐岛海面一望无际，潮起潮落，碧波汹涌，卷起千堆雪。成群的海鸥翱翔蓝天，嬉戏碧水，追逐波浪。日则白帆，云朵点点，夜来渔光，星光闪闪。海滩平坦，奇礁怪石，破浪生花，形成优美动人的画卷，素有“世外桃源”之美誉。

獐岛，中国万里海疆最北端的第一岛，面积仅 0.96 平方千米，小得质朴，小得玲珑，小得大气，充满海岛渔村的无限魅力。

◉ 一

獐岛，地处神州边陲北海疆，战略位置十分重要，历来是兵家必争之地。明天启元年（1621）五月，辽东巡抚王化贞派钦差平辽将军总镇左军都督府左都督毛文龙率兵收复被后金占据的辽东失地，于七月初四攻克大鹿岛，紧接着又收复了小鹿岛（獐岛）。后来，当军事重镇镇江城被后金攻陷后，他又率部退守獐岛、大鹿岛，与岛上居民携手屯田，练兵习武，抗击后金。

獐岛虽是弹丸之地，却见证了震惊中外的中日甲午战争之黄海海战（中日甲午大东沟海战）。清光绪二十年（1894）八月十八日，北洋舰队与日联合舰队在獐岛附近海域发生激战。此役鏖战 5 个多小时，北洋舰队损失惨重，12 艘舰只沉毁 5 艘，受损 5 艘，伤亡千人。以致远舰管带邓世昌为代表的中国北洋水师爱国官兵视死如归、顽强杀敌的英勇壮举，影响和教育了一代又一代的獐岛人。

新中国成立后，獐岛村为保卫国家边、海防安全发挥着重要作用。1950 年 10 月，抗美援朝战争打响。1955 年 3 月，中国人民解放军某部加强连进驻獐岛，獐岛作为黄海北部的海防第一哨，在保卫海岛和边、海防安全上发

獐岛全貌

挥着重要的军事作用。1962 年 8 月，沈阳军区召开加强岛屿、海防地区民兵工作会议，围绕海岛，边、海防地区特点研究了军民联防、民兵建设、部队参加民兵工作和加强领导问题，獐岛边、海防和民兵建设工作得到进一步加强。至 1985 年，驻岛官兵撤出。改革开放后，獐岛村经济建设快速发展。与此同时，獐岛村的民兵建设一刻也没有停止过。獐岛民兵连的牌子与村党支部、村委会、渔民协会的牌子醒目地挂在村部，彰显其特殊地位。

改革开放后，獐岛村通过加强边、海防工作，推进社会主义新农村建设。20 世纪 90 年代，伴随着社会主义新农村建设的步伐，獐岛村在军民共建海防路的基础上，发展岛上道路交通。2009 年开始，对前滩至后口 700 延长米的主干道进行拓宽改造，路面宽度由 3 米拓宽到 5 米，基础由原来的泥沙碎石路改造成柏油路。2010—2016 年，獐岛村建成全长 2.8 千米的环岛滨海景观路，以及从后口客运码头至前滩滨海广场的村级公路。2015 年夏，一条 371 延长米的高标准前滩防浪大堤工程竣工，有效地提高了防御风险的能力。2016 年 4 月，占地 2.3 万平方米的滨海广场竣工。这些工程为岛上居民和到岛旅游的客人提供了交通便利和安全保障。

◉ 二

日月天地之灵气，赋予獐岛含英咀华的新篇章；茫茫黄海之沧浪，赐予獐岛人勤劳果敢的品格。

獐岛呈东西走向，马蹄状。地理坐标北纬 39°47′，东经 123° 48′。她四面环海，东与双峰岛毗邻，西与大鹿岛相伴，北与兴隆山隔海相望，正南方为著名的园山渔场。主岛前缓后陡，前滩为细沙质，后滩为泥沙质，高潮时水深 8~10 米，低潮时水深 3~5 米，主岛最高点 71.1 米。

獐岛，作为中国万里海疆最北端的第一岛，虽然，0.96 平方千米的岛屿面积与祖国 960 多万平方千米的国土面积相比，微乎其微，但她却小得质朴，以其微小和优美依偎

停泊在码头边的渔船

海滨浴场一角

在祖国的怀抱里；她又小得玲珑，以其精致和神韵成为祖国北海疆微缩的海上花园。那礁、那坨，大潮一涨几乎被吞没，但它们披荆斩棘，直济沧海，不由得让人心生敬畏。獐岛岸上，山青崖秀，林木叠翠。岛上合欢（芙蓉）树遍布渔家的房前屋后、村街路旁。国家一级保护植物鹅耳枥，满岛皆是。胡桃楸、黄菠萝、油松、映山红、迎春花、山花椒等木本植物和苔草、大油芒、野古草等草本植物，总数多达 300 余种，植物覆盖率达 65% 以上，獐岛真可谓天然植物园和森林氧吧。

獐岛是著名的观鸟胜地。她地处鸭绿江口滨海湿地国家级自然保护区的中间地带，是全球 10 条候鸟迁徙路线中一个重要的鸟类栖息地。生态良好的滩涂湿地，不但是鸟类栖息繁衍和享受小鱼小虾等多种美食的驿站和天堂，而且也使獐岛成为世界三个最为理想的观鸟胜地之一。

獐岛是天然大渔场。作为中国北方著名的园山渔场组成部分之一的獐岛海域，盛产多种鱼虾蟹贝。其中以青柳蛤、杂色蛤、梭子蟹尤其著名，它们是中华人民共和国地理标志保护产品。礁石上的海蛎子以及鲈鱼、鲅鱼、铜罗鱼（学名黄姑鱼）以其量多质好而闻名遐迩。游客到獐岛除了饱览海岛秀美风光、痛痛快快地洗个海水浴外，最不可或缺的是能吃到正宗的獐岛海鲜。过去，獐岛先民们以渔为生计，渔业生产方式落后，生

迅猛发展的旅游业

活艰难。新中国成立后，尤其是1978年改革开放以来，獐岛从传统捕捞向现代化的渔业生产转型发展，獐岛村从此走上了富裕之路。

獐岛是旅游旺地。八方游客纷至沓来，流连忘返，享受着无限的乐趣。先哲说，仁者乐山，智者乐水。山，多在内陆，看山时，只能看山不能看海；看海时，又难得看到山。而獐岛则是山连着海，海连着山，山海相依相偎。看山的时候，海就在山的身旁；看海的时候，山就在海的怀抱里。游人登临獐岛，可大饱眼福，领略“石栏观潮”“观音面海”“潮头麒麟”“大运日出”“海角公园”“东山极顶”“大旺晚霞”“妈祖护海”等美景奇观，它们处处体现出獐岛的奇、险、秀。她海天一色，烟波浩瀚，时而惊涛拍岸，时而水平如镜，展示着她的动态美；她春有百花，夏有凉风，秋有果实，冬有白雪，一年四季的景色不同，但皆有海鲜，足以让人们大饱眼福、口福。游客还可以选择在岛上一日游、二日游或多日休闲度假游，尽情体验洗海水浴、观海听涛、追波逐浪、乘舟垂钓、沙滩沐浴、赶海拾贝；还可以观海上日出、赏大旺晚霞、拜谒天后妈祖、凭吊甲午海战战场；至于吃渔家饭菜，可以品尝到獐岛海域盛产的海蛎子、沙蚬子、青柳蛤、梭子蟹、海蜇、鲈鱼、大对虾等美味佳肴。

◉ 三

獐岛，一颗镶嵌在中国万里海疆北端起点的海上明珠。缘于浩瀚大海而生成的海洋文化，生生不息地影响着岛上一代又一代的耕海牧渔人。他们敬畏大海，把大海视为养育他们的母亲。数百年来，他们在与赖以生存的大海的互动中，逐渐形成了与内陆不同的、具有海洋文化特质的海洋风俗、海洋信仰、海洋生态旅游，乃至与海洋息息相关的人文景观。

新中国成立后，人民当家做主，獐岛人有了主人翁责任感，他们投入如火如荼的社会主义建设中，并逐渐过上富裕生活。伴随时代前进的步伐，獐岛村的文化、教育、卫生事业不断发展与进步。从 20 世纪 30 年代起，岛上便建有小学。新中国成立后，特别是 1978 年改革开放后，学校培养了一代又一代的渔家子弟。2004—2016 年，只有 216 户人家的獐岛小渔村，就有 38 位渔家子弟考上全日制大学本科或专科院校。岛上医疗卫生事业的发展，得益于守卫海岛的中国人民解放军某部加强连的帮助。1955 年，守岛部队进驻獐岛后，渔民就近到连队卫生所看病。1968 年年底，在驻岛部队卫生所的扶持下，獐岛村建起由乡村医生接诊的大队卫生所。2016 年，村卫生所设置两处卫生室，总面积 120 平方米，村民如患一般病症，基本不用出岛就医。獐岛人热爱自己的家乡，热

第二届獐岛妈祖文化旅游节开幕式

爱獐岛的一草一木。獐岛淳朴的民风、优美的环境、和谐的邻里关系，让獐岛人生活得有滋有味，獐岛俨然是蜚声辽东的世外桃源。

在日常的社会文化生活中，獐岛人用《村规民约》规范、约束自己的言行。在风清气正的獐岛渔村，“路不拾遗，夜不闭户”的淳朴民风，令八方游客赞誉有加。“文明礼貌、助人为乐、爱护公物、保护环境、遵纪守法”的社会公德，已成为獐岛人自觉的行动。尊老敬贤、扶危济困、见义勇为、邻里和睦，这些传统美德在獐岛渔村已蔚然成风。

獐岛有着海洋文化信仰。每年的农历正月十三，靠海生活的獐岛人总是不忘给大海过生日，虔诚地为海神送上一盏盏精致的海灯，年复一年，一辈接续一辈，雷打不动。獐岛人崇拜海神娘娘妈祖，把妈祖视为心目中的保护神。海神娘娘妈祖传统文化，在獐岛这座神奇的岛屿上连绵不断地传承了数百年。始建于明万历年间（1573—1620）的海神娘娘庙，虽说只有三间草堂，但因里面供奉着海神娘娘妈祖的神像，香火十分鼎盛。尤其是每年的正月初一、正月十五以及农历三月二十三妈祖诞辰，岛上都会举行盛大的海神娘娘庙会，场面甚为壮观。庙会期间，四面八方前来上香还愿的妈祖信众络绎不绝。

獐岛的文化底蕴丰厚，在獐岛渔村总有讲不完的故事、画不完的美景。獐岛的海洋文化，就像璀璨的蓝宝石，吸引了一批又一批的文人墨客到獐岛采风、写诗、作画、从事文学创作。獐岛的西南海域曾是中日甲午战争之黄海海战的战场。当年被称为“东事战败”的黄海海战，令许多仁人志士有感而发，写下了堪称“史诗”的《东沟行》《悼“甲午战争”》等发人深省的诗篇。当年中国人民解放军驻獐岛守备部队有连歌，獐岛村有村歌。一些文人墨客被獐岛秀美的风光和淳朴的民风所感动，写下了许多赞美獐岛的诗歌散文。壁画和浮雕，还有民间传说和故事，所表达的主题都是弘扬健康向上的正能量。

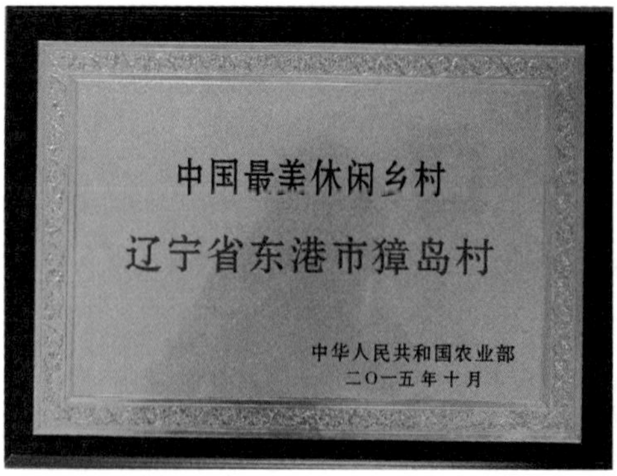

荣誉铭牌

基本村情

獐岛，军事上又叫小鹿岛，是中国万里海岸线最北端起点第一岛。历史上多数时期归凤城县（市）辖，1937年划归安东县（东港市）。獐岛主岛面积0.96平方千米，陆域面积约2平方千米，设有3个村民小组。2016年总户数216户，总人口643人。海岛风光秀丽、环境优雅。以獐岛为中心，有6个坨子和3礁1石，岛的主峰海拔71.1米。这些独特的、被海水侵蚀的礁崖，呈现出千姿百态的岛屿景观，由此造就了著名的“獐岛八景”。岛上山青崖秀，林木茂密，植物覆盖率达65%以上。岛上合欢树遍及各地，海上百舸争游，渔帆点点，一派典型的渔村风光。

獐岛村地处辽宁省东港市北井子镇西南部黄海之中，是中国北方海上日出最早的地方，是妈祖中国海岛最北端的道场，是中国北方海岛旅游的主要景区之一，是国家AAAA级旅游景区、全国十佳休闲农庄、中国最美休闲乡村、国家民主法治示范村、全国五星级休闲农业与乡村旅游示范点、中国美丽乡村、全国生态文化村、全国休闲渔业示范点、辽宁五星级休闲农业与乡村旅游示范点。獐岛社会和谐、民风淳朴、气候宜人、物产丰富。

獐岛，风光旖旎，生态保护良好，经济建设、基础设施建设、社会事业、村民生活及精神风貌正发生日新月异的变化。

◉ 建置沿革

村落历史 獐岛，又名小鹿岛，历史上的多数时期隶属凤城县（凤城市）。1912 年，獐岛隶属凤凰直隶抚民府。1913 年，隶属凤凰县。1914 年，隶属凤城县第三区。1920 年，隶属凤城县南路第三区。1937 年 12 月，安东市（丹东市）建置后，将凤城县第三区的龙王庙、北井子等 8 个村划归安东县，獐岛被划归安东县大东沟区。1945 年 9 月，抗日战争胜利后，獐岛隶属安东县第七区。1946 年 5 月，中共辽东省委建立孤山县时，獐岛划归孤山县孤山区。1946 年 10 月至 1947 年 6 月，国民党军进占安东县和孤山县时，将獐岛划归安东县滨海乡。1947 年 6 月，安东地区第二次解放后，獐岛归孤山县辖。1949 年 6 月，孤山县建置撤销，獐岛复归安东县辖。

辖区归属变迁 1937 年獐岛从凤城县划归安东县后，属安东县大东沟区滨海村的一个保。1946 年 5 月，划归孤山县。同年 10 月至 1947 年 6 月，国民党军进占安东期间，国民党当局又将獐岛划归安东县滨海乡公所辖，为其下属的一个保。1947 年 6 月，安东地区第二次解放后，复归孤山县孤山乡辖。1949 年 6 月，复归安东县后，成为安东县孤山区（第十一区）辖

20 世纪 80 年代的獐岛村庄

属的一个渔村。1958 年 5 月，安东县撤区设乡，獐岛成为大鹿岛乡辖属的东方红渔业生产合作社。同年 9 月，全县实现人民公社化，獐岛成为孤山人民公社的一个渔业生产大队，即獐岛渔业生产大队。至此，獐岛第一次以独立的行政区划单位身份出现。1962 年 7 月，獐岛大队由孤山人民公社划归北井子人民公社。1983 年 8 月，北井子人民公社改称北井子乡，各生产大队改称村民委员会，獐岛渔业生产大队改称獐岛村村民委员会，村民委员会按照岛上自然形成的东口、西口、后口设立 3 个村民小组。1985 年 3 月，北井子乡撤乡设镇，獐岛村成为北井子镇辖的 13 个行政村之一。至 2016 年，獐岛村的行政区划没有变化。

◉ 区位　交通

区位　獐岛村地处辽宁省东港市北井子镇西南部，是鸭绿江入海口与北黄海交界处四面环海的海岛渔村。地理坐标北纬 39° 47′，东经 123° 48′。獐岛村与岛外各地往来交通便捷。獐岛客运码头距丹东市城区 70 千米，距东港市城区 30 千米，距北井子镇政府驻地 7 千米。从獐岛岛内码头到岛外龙态河大闸附近的獐岛客运码头，直线距离 6.2 千米。獐岛岛外客运码头距丹东浪头民航机场 45 千米。由丹东浪头民航机场起飞，可直达沈阳、大连、北京、上海等城市。位于丹东铁路站内的“大连机场丹东候机楼”启用后，丹东人航空出行更加便捷，前往全国及世界各地实现了“空铁联运”。

交通 从獐岛客运码头出发赴丹（丹东）大（大连）高速公路或沈（沈阳）大（大连）高速铁路北井子车站，仅需25分钟路程。从丹东乘车沿201国道或滨海大道（海防路）到獐岛客运码头，只需1个多小时路程。丹东或东港客运站至北井子客运站的旅游班车每天20~30分钟发一班车。

从省会沈阳到东港獐岛旅游景区的交通也相当便捷。其线路是，首先乘坐沈丹、丹大高速公路客车或沈大铁路列车或沈大、丹大高铁、动车到北井子獐岛客运码头，然后由獐岛客运码头乘船进岛，全程大约只需3~5个小时。

獐岛村四通八达的交通环境和区位优势，为国内外旅客到獐岛旅游观光或投资考察提供了十分便利的条件。

◉ 人口

人口总量 獐岛在明代之前是一个人迹罕至的荒岛。明天启元年（1621），总兵毛文龙率部抗击后金时，曾退守獐岛（小鹿岛）和大鹿岛，并在獐岛屯兵习武。此时居住在岛上的人家依然寥寥无几。清同治十三年（1874），清朝廷宣布“东边地带全部开禁”，并规定“凡认地耕种者无论旗民一律编入户口册籍”后，陆续有山东、河北一带

夜幕下的观海人群

游轮繁忙地穿梭于岛陆之间

流民闯关东进入辽东半岛开荒垦殖。但由于獐岛四面环海，偏僻荒芜，进入獐岛定居的移民数量不多。据已在獐岛繁衍生息十四五辈、来自山东登州府海阳县的老渔民口传，他们的先人刚进獐岛时，岛上仅有七八户人家，人口不超过 40 人。新中国成立后，到岛上居住的人逐年增多。1955 年农业合作化运动时，岛上住户已发展到上百户、300 余人。2016 年年末，獐岛村总户数 216 户，总人口 643 人。

20 世纪 90 年代，随着獐岛旅游业的兴起，岛上除建起多家宾馆饭店外，在旅游旺季时还兴起几十家民宿客栈。这些宾馆和民宿客栈每年都从岛外雇用大量厨师和服务人员。每年 5—10 月份外来打工人口数量维持在 7000 人左右。在旅游旺季，到岛游客最多一天达 4000 多人。

姓氏 獐岛村的居民姓氏均为单姓。自岛上有人居住以来，究竟何姓人家为最早登岛的先民，尚待考证。至 2016 年年末统计，岛上共有郭、张、杨、王等 64 个姓。在岛上的 216 户 643 人中，郭姓 52 户、189 人，为岛上户数和人口最多的姓氏。其次是张姓 34 户、102 人，杨姓 22 户、59 人，王姓 17 户、45 人。岛上这四大姓累计 125 户、395 人，占獐岛村总户数的 57.9%，占总人口的 61.4%。岛上其他姓氏有由、徐、李、庞、陈、臧、赵、杜、宁、刘、钟、栾、宋、胡、谷、尹、宫、马、倪、韩、吴、丁、郝、战、景、武、原、闫、江、解、柳、曲、周、代、董、万、顾、邢、田、霍、秦、邓、朱、高、祝、隋、唐、吕、薛、单、于、官、林、潘、孙、姜、邹、金、常、黄等。

民族 獐岛村是汉民族集聚区，最早从山东闯关东到獐岛的几户人家均为汉族。至2016年年末，獐岛村村民中除汉族外，还有满族和锡伯族。其中，汉族617人，占总人口的95.96%；满族22人，占总人口的3.42%；锡伯族4人，占总人口的0.62%。

◉ 地质 地貌

岛 獐岛诞生于震旦纪，大约8亿年前至6亿年前。獐岛本是陆地，因经受久远的海蚀作用，被自然力的冲击、切割，从而形成了今天的獐岛。

岛形前缓后陡，前滩为细沙质，后滩为泥沙质。岛上土层较厚，林木茂盛，可耕种。岛为石基，由结晶变质岩及石英岩构成。自然变迁，把岛上的石头变得千姿百态，或大、或小、或方、或圆。

岛岸边多有海蚀崖、海蚀洞。海蚀崖下面，多有崩塌的岩块、碎石，或独立、或堆积。在久远的时光里，基岩遭受不断地侵蚀、剥蚀，风化壳变得较薄，多数基岩裸露，

海岛杜鹃

距主岛最近的香炉坨子

少植被，松散堆积物少有发育。

坨 獐岛一岛六坨。一岛为主岛，六坨分别是香炉坨子、大坨子、三坨子、王八坨子、酥坨子和半拉坨子。

六个砣子的土层较薄，以外裸岩石为主体。其中香炉坨子、大坨子、三坨子、酥坨子和半拉砣子，主体呈现岩石断面，外裸的石崖面无泥土积存。坨上有较薄土层，可生长草、灌木以及藤类植物。王八坨子及鹰嘴石（鹰嘴石位于岛西大旺亭的悬崖下，这一巨石下有海蚀痕迹，几乎无土），主体皆为一整石，几乎无土，部分石隙滋生蒿草、矮树。

礁 獐岛除一岛六坨外，还有一石三礁。一石即鹰嘴石，以其形状似一只苍鹰而得名；三礁即老母猪礁、鳖鱼礁（亦称绵羊礁）和迎门礁。老母猪礁位于前滩滨海广场东南，以其形状似一只老母猪而得名；鳖鱼礁（绵羊礁），位于酥坨子的东侧，以其附近海域盛产鳖鱼而得名；迎门礁位于王八坨子西侧，以其所在区位得名。

浅海、滩涂

浅海 獐岛村有 7.8 万余亩浅海资源，包括多种鱼类的洄游通道，为近海捕捞佳地。其浅海地貌为水下浅滩，海底地形平缓，平均坡度在 1‰以下，并由西北向东南倾斜。

滩涂 獐岛全岛有 6000 余亩滩涂，在周期性潮流和风暴潮的波浪作用下，平缓滩面发育为滩鳞、坑洼、波浪、砂斑和潮沟。潮滩物质纵向、横向上都有明显差异。大洋河以东中砂粒较粗，横向低潮、中潮、高潮滩依次为细砂、粉砂和黏土质粉砂。潮滩沉积物垂直沉层序特征为：淤泥层厚度由东向西变薄，潮滩淤泥层普遍发育泥沙交互层

理，生物扰动构造发育成熟。滩质大致分为砾、粗砂、中砂、细砂、泥沙、泥 6 种。砾、粗砂、中砂一般分布于岛礁附近，细砂、泥沙多分布于中低潮区。这些滩涂，处在岛的四周，平阔、肥沃，是贝类繁衍的乐园。

◉ 气候

日照　獐岛日照，全年平均为 2484.3 小时，日照时数最长为 5 月，平均 258 小时，最短为 7 月，平均 155 小时。

气温　獐岛年平均气温在 9℃以上。其中，春季平均气温为 7.7℃；夏季平均气温为 21.4℃；秋季平均气温为 12.1℃，为东港地区最高气温；冬季平均气温为 −5℃，为东港地区的最高温度。

獐岛冬季雪景

降水　东港地区年降水量东北和西北居多，随海拔高度的增加而增加，中部平原地区为 800~1000 毫米，獐岛为 400~500 毫米。獐岛夏季降水量最多，占全年总量的 69%。冬季降水量最少，占全年总量的 3%。多数年份，1 月降水最少，4 月明显增多，7—8 月达到高峰。獐岛年平均降水日数为 102 天，年平均降水量为 837.9 毫米。

潮汐　獐岛的潮汐，因其特殊的地理位置，与黄海北岸的潮汐比值不同。东港市境内近岸海域各主要分潮，平均振幅的比值小于或等于 0.5；鸭绿江口外附近海域比值为

0.3，属于正规半日潮型海区。而獐岛附近海域涨潮历时与落潮历时几乎相等，具体表现为：向东落潮历时，长于涨潮历时；至鸭绿江口附近，落潮历时则比涨潮历时约长 3 小时左右。平潮差由渤海海峡向鸭绿江口递增。日有两次涨落潮流，其潮汐不等现象较显著。潮流旋转性很弱且为往复式，潮汐椭圆长轴直指鸭绿江口，其附近水域为大潮差区。最大可能潮流流速达 1.03 米 / 秒。落潮流速大于涨潮流速。落潮历时比涨潮历时约长 2 小时。高潮前 6 小时至高潮时为涨潮流，高潮后 1~6 小时为落潮流，二者均为 6 小时。高潮前 3~4 小时为涨急阶段，流速可达 1 节，流向东北；鸭绿江口附近潮流较强，流速可达 1.4 节，流向指向鸭绿江；落潮流阶段，通常落急发生在高潮后 2~3 小时，最大流速达 1.2 节，流向南或偏西。

潮汐

獐岛潮汐时间表

表 1

农历时间		早 潮	晚 潮	农历时间		早 潮	晚 潮
初一	十六	6:30	18:30	初九	二十四	4:00	13:00
初二	十七	7:30	19:30	初十	二十五	4:30	14:30
初三	十八	8:00	20:30	十一	二十六	5:30	15:30
初四	十九	8:30	—	十二	二十七	6:00	16:30
初五	二十	9:00	—	十三	二十八	6:00	17:20
初六	二十一	9:40	—	十四	二十九	6:30	18:00
初七	二十二	10:40	—	十五	三十	7:00	19:00
初八	二十三	11:40	—	—	—	—	—

季风　獐岛海域属南温带湿润地区大陆性季风气候区。同时，受黄海影响，又兼有典型的海洋性气候特点，冬无严寒，夏无酷暑，四季分明，雨热同季。

◉ 动植物

植物　獐岛地处南温带温润地区，属低山丘陵，植被丰富，树木多落叶乔木。最典型的是国家一级保护植物鹅耳枥，为著名园林观赏植物，其木质坚硬，纹理细密美观，可制家具、小工具及农具等。鹅耳枥种子可榨油，供食用以及工业用。

鹅耳枥

獐岛多芙蓉树。渔家的房前屋后、村街、山路旁，时常就有一棵或几棵芙蓉树，木质坚硬、细腻，是家具、建筑、造船不可多得的佳材。同时，芙蓉树对氯化氢、二氧化氮抗性强，对二氧化硫、氯气也有一定的抗性。其树皮及花可供药用，有安神解郁、活血止痛、开胃利气之功效，提取的浸膏外用可治骨折、痈疽、肿痛等症。

岛上除鹅耳枥、芙蓉树之外，还有槲栎、槲树、麻栎、蒙古栎、栓皮栎、间朵赤松，伴生的有胡桃楸、五角枫、紫椴、花曲柳、臭椿、白桦、水榆、春榆、山楂、蜡树等乔木树种。

落叶乔木边还丛生着各种灌木，有天椒、短序胡枝子、鼠李、映山红、大字杜鹃、盐肤木、花木兰、悬钩子、接骨木等。

岛上的草本植物以苔草为主，还有少量的大油芒、中井芨芨草、草莓、委陵草、山茶菜、桔梗、沙参、玉竹、透骨草、岩秀菊、东风菜、紫菀、铃兰、苦苣菜、败酱、白花败酱、东北茴芹、山叶宽蒿、万年蒿等，另有葛藤、猕猴桃、北五味、山葡萄等藤本植物。

岛上的乔木、灌木边，还聚集着草本群落，以野古草、大油芒、黄背草为主，还有中井芨芨草、隐子草、牡蒿、万年蓬、岩香菊、败酱、花木兰、白花败酱、地榆、苔草、阴山胡枝子、山扁豆、鸡儿肠、狗娃娃、紫菀，以及白羊草、山扁豆、委陵菜、翻白委陵菜、山茶菜等。

潮间植被带，由于常遭海潮袭击，多以盐生植物或耐旱植物为主。主要有碱蓬、柽

芙蓉树下修网忙

植被

小憩

柳、矾矾松、盐爪爪、盐蒿、猪毛菜、獐子草、芦苇等。

动物 由于獐岛陆地面积较小，没有大型陆生动物，只有花鼠、刺猬、黄鼬、青蛙、蛇等，但数量不多。由于獐岛处于丹东鸭绿江口滨海湿地国家级自然保护区的中间地带，岛上的迁徙鸟类及本地的鸟类较多。

◉ 村级组织

村党支部委员会 1983 年，中共獐岛村支部委员会正式成立，是獐岛村各种组织和各项工作的领导核心。截至 2016 年年底，獐岛村党支部先后改选 12 次。獐岛村党支部

獐岛村党组织机构展板

村民委员会办公楼

委员会紧密联系新农村建设的实际，开展“支部班子好、党员队伍好、活动开展好、制度建设好、作用发挥好”活动，做好党员教育管理，培养、发展党员，先后多次被评为东港市“五好党支部”、丹东市“五好党支部”。2010 年，为了充分发挥党员先锋模范作用，獐岛村开展评星活动，有活动能力的 25 名党员，全部达到星级，并在新农村建设中发挥先锋模范作用。2012 年 6 月，村党支部张忠有被评为辽宁省优秀共产党员。2016 年，獐岛村有党员 38 人。党支部设支部书记 1 人、副书记 1 人、委员 3 人。

村民委员会 獐岛村民委员会（简称村委会）每届任期 3 年。自 1994 年獐岛村召开第一届村民委员会选举大会产生第一届村民委员会成员以来，至 2016 年，獐岛村已举行 12 次换届选举活动。

村渔民协会 2007 年 8 月，獐岛村成立渔民协会。獐岛村渔民协会是以獐岛村从事海上生产经营的渔民为主体，主要职责是宣传党和国家有关方针政策，维护渔民合法权益，提供生产、销售信息，维护海上生产秩序，互帮互助。渔民协会设立会员大会、理事会、监事会，在日常工作中发挥很好的作用。渔民表示，渔业协会是渔民的主心骨，有事都愿找渔民协会帮助解决。截至 2016 年，獐岛村渔民协会换届 3 次。

村民自治

制度建设 1983 年起，獐岛村民委员会依据党的方针政策和国家的法律法规，组织全体村民结合实际，先后制定和完善《村民自治章程》《村规民约》《村民会议和村民代表会议规则》《财务管理制度》等，明确规定村干部的职责、村民的权利和义务、村级各类组织的职责、工作程序及相互关系，明确提出对经济管理、社会治安、移风易俗、计划生育等方面的要求。社会主义新农村建设以来，村里进一步完善各类制度，用制度

渔民在船上议事

规范村干部和村民行为，实现村民自治。

干部直选 獐岛村按照《中华人民共和国村民委员会组织法》要求，由村民直接选举产生村委会成员。村成立村民选举委员会，由主任和委员7人组成。成员由村民会议、村民代表会议或村民小组长会议推选产生。村民选举委员会的任期，至村民委员会工作交接终止。

选民登记对象：户籍在本村并且在本村居住的年满18周岁的村民；户籍在本村，不在本村居住，本人表示参加选举的；户籍不在本村，在本村居住1年以上，本人申请参加选举，并且经村民会议或村民代表会议同意参加选举的公民。

选举方法：村民委员会主任、副主任、委员按照《中华人民共和国村民委员会组织法》选举产生。

四议一审两公开 獐岛村里的大事由渔民做主。凡涉及獐岛村建设规划，年度工作计划，享受补贴人员及补贴标准，集体经济所得收益的使用，道路、文化广场等公益事业的兴办和筹资筹劳方案及建设承包方案，土地经营承包方案，村集体经济项目的定项、承包方案，宅基地使用方案，征地补偿费的使用、分配方案，以借贷、租赁或者其他方式处分集体财产，以及涉及多数村民利益、村民普遍关心的其他事项，都按照“村干部动议，村两委合议，镇党委、政府审核，村党员大会复议，村民代表会或村民

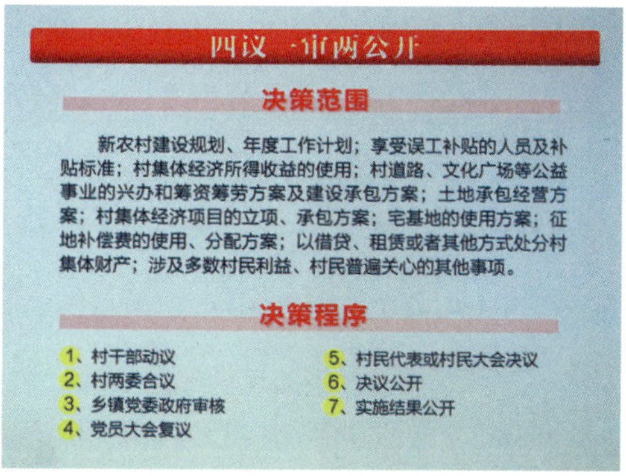

“四议一审两公开”展板

大会决议”的程序办理。实行决议公开、实施结果公开。在村委会设置村务公开栏。其中，村委会至少每季度公布一次村集体财务收支情况，涉及村民利益的重大事项和村民普遍关心的事项则及时公布，接受群众监督。村委会对村务公开后群众的意见及要求，及时向村民代表作出反馈，并落实整改措施。2014 年，村委会打算将 2 号和 3 号的 1 万亩浅海继续对外承包，于 6 月 7 日召开村民大会。会上有 165 户同意，15 户不同意，4 户弃权。村民大会据此作出决定，将 2 号和 3 号的 1 万亩浅海继续对外承包。

◉ 经济概况

发展现状　獐岛村从新中国成立至 1978 年，渔民靠打鱼为生，是单一的渔业经济。1978 年改革开放后，獐岛村不断调整经济发展思路，由过去的单一以海上捕捞为主，逐渐发展成为以旅游开发为主体，以海上捕捞、海产养殖为两翼的经济发展态势，獐岛村经济发生天翻地覆的变化。

獐岛发展现状展板

獐岛远景规划展板

2016 年，獐岛渔业总产值 1.1 亿元，比 1978 年的 12 万元，增长 917 倍；2016 年獐岛村旅游年收入 9000 万元，1978 年无旅游收入；2016 年，村集体年收入 1700 万元，比 1978 年的 20 万元，增长 85 倍；2016 年村集体固定资产 2.6 亿元，比 1978 年的 65 万元，增长 400 倍；2016 年，村民人均年收入 6.5 万元，比

1978年的520元，增长125倍。

发展规划 富起来、美起来的獐岛人，并不满足现状，而是有更美好的追求。“十三五”规划期间，獐岛村在继续抓好海上捕捞和滩涂养殖的基础上，突出抓好旅游业的发展。计划把正在施工的西部栈道和东部通道建设好，为獐岛旅游再造新亮点；计划建设东西居民点畅通工程，使西口组成为新的旅游接待区，扩大獐岛村旅游接待能力；计划建设后口至浅滩广场、滨海中路步行道路工程，建设亮化绿化美化工程，把獐岛装扮得更加靓丽；计划建一座具有一定规模的獐岛医院，建设一座天然气供应站，为村民和游客提供更好的生活环境。

◉ 基础设施

道路 新中国成立之初，从獐岛后口到前滩的泥土路是进出海岛的唯一通道。700延长米的道路，路面狭窄，坑洼不平，加之坡陡路滑，极易发生事故。通往东口和西口

滨海景观路

的乡间小路更是杂草丛生、崎岖不平。那时，獐岛渔民出行有两愁：一愁坡陡路滑荆棘载途路难走，二愁潮水倒灌淹没小道险象环生。1955 年，中国人民解放军某部加强连进驻獐岛，军民共同修筑海防路以及营房到哨所的多条巡逻小路，岛上的路况得到改善。1996 年，獐岛村投资 400 余万元，对前滩至后口的主干道进行拓宽改造，将泥沙碎石路改造成柏油路；还将金梁至电话亭 700 延长米的村路、“哈尔滨客栈”至西口广场 400 延长米的村路改造为柏油路面。2009 年，獐岛村筹资 600 余万元，建成 2.8 千米长、4.2 米宽的环岛滨海景观路，对从后口客运码头至前滩滨海广场的公路进行硬化、美化处理。滨海环岛景观路串联大运亭、“海上第一哨”、东运阁、海角公园、大旺亭、獐岛妈祖庙等旅游景点。2015 年秋，獐岛村在完成修建滨海广场的基础上，又沿广场两侧“西部栈桥，东部通道”建设规划，分头推进环岛路建设。至 2016 年 10 月，已完成广场东侧海星酒店至东口码头 200 余延长米的路面硬化工程。经过多年的道路建设，至 2016 年年末，獐岛村有道路 13 条，其中主干道（含正在建设的环岛路）4 条，已硬化处理的屯堡（街）路 9 条。

防浪堤　1947 年 6 月，在县区两级政府的支持下，獐岛村采取以工代赈的办法，分期分批修筑防浪堤。20 世纪 80 年代，獐岛村完成东自东口码头、西至西口码头、北至后口港全长大约 2000 余延长米的防浪大堤修筑工程。20 世纪 90 年代，在县、乡两级政府的支持下，獐岛村对前滩的防浪堤进行除险加固，提高海岛防浪大堤抗御风险能力。2013

防浪大堤

年，獐岛村筹集修筑资金，并发动村民踊跃投工投劳，分期分段实施岛上防浪大堤抢修工程。2014 年 5 月，獐岛村争取国家资金 1000 万元，自筹资金 790 万元，按照百年一遇的标准，用岛外购进的高质量花岗岩石块垒砌前滩防浪大堤。2015 年 7 月，这条高 3.5 米、宽 1.8 米，总长 371 延长米的前滩防浪大堤工程竣工，不仅有效提高了獐岛景区抗御大风大浪的能力，而且还为獐岛景区增添了一道靓丽风景。

通信 獐岛村有电话的历史可追溯到 20 世纪 50 年代。1955 年，中国人民解放军某部加强连进驻獐岛，獐岛开始有了电话。因是军用电话，一般情况下不对外使用，只有遇到危重病人急需出岛救治等特殊情况，方可用军用电话与岛外医院联系。20 世纪 60 年代后，獐岛大队同其他大队一样，有了一部摇把子电话机。1994 年下半年，獐岛村投资 70 万元，实施程控电话入户工程。1994 年年底，獐岛村 138 户人家中有 111 户安装了程控电话，电话入户率已达 80% 以上，獐岛村由此成为丹东地区第一个"电话村"。随着通信事业的快速发展，至 2016 年年底，獐岛村移动和固定电话的普及率已达 98%，宽带入户率达 50%；所有的客船和马力较大的渔船都配备较为先进的通信导航设备。岛上的成年居民几乎人人有手机，移动、联通、网通的无线电信号覆盖全岛。这不仅保证了獐岛与国内、国际联络渠道畅通无阻，而且还大大提高了渔民海上作业的安全系数。

耸立在獐岛山上的微波塔

供水 獐岛自有人居住始，居民吃水主要靠井水。由于岛上地下水资源匮乏，獐岛村人吃水一直很困难。1955 年，中国人民解放军守岛部队进驻獐岛后，在村委会东侧篮球场附近打了一眼深井，这眼井的井水清澈

铺设海底自来水管道

甘甜，水量充足，缓解了岛上饮用水困难。近年来，岛上人口增多，特别是发展海岛旅游观光事业导致游人增多。至2009年年末，全岛虽然开凿了10余眼地下水井，仍不能满足用水需要。为彻底解决岛上饮用水困难问题，2009年11月，獐岛村争取省拨专项资金300万元，自筹资金150万元，实施岛外引水工程。从北井子徐坨子自来水厂到獐岛村共计18.5千米，引水管线经过徐坨子、小岗、北井子3个行政村，穿过农田、河道、堤坝、201国道、养虾池和部分滩涂，再通过敷设5831延长米的海底管道，最终将淡水引进獐岛。2010年7月22日，岛外引水入獐岛工程全线贯通并打压送水。至此，獐岛每小时可从岛外输进淡水24立方米，獐岛村彻底告别了饮水难、用水难的时代。

供电 岛上有居民之初，靠松树明子照明。20世纪30—40年代，岛上居民靠煤油灯照明。1955年，中国人民解放军某部驻獐岛，带来两台发电机轮流发电，岛上居民由煤油灯照明改为电灯照明。1985年10月，守岛部队撤离獐岛后，岛上居民用电依然靠这两台发电机组。1988年6月16日，东沟县农电局为了彻底解决獐岛村供电问题，组织实施全长5000余米的獐岛村海底电缆铺设工程，并于当年6月23日正式开始变压供电，獐岛村从此结束依靠发电机发电照明的历史。

◉ 教育　卫生

教育 清末民国初，因岛上人烟稀少，交通不便，没有供渔家子女念书的学校。学

獐岛小学

龄儿童若想读书，或就近在岛上读私塾，或出岛到北井子小学就学。20 世纪 30 年代，獐岛始有小学，名称獐岛小学，其校址在中山组（后口组）原海神娘娘庙大墙外的西侧，校舍为石基泥坯起脊式草房。时有老师 5 人，学生 40 余人。1947 年 6 月，安东县北井子区政府对獐岛小学校舍进行修缮并扩建。同年夏，獐岛小学改称北井子区滨海村第四小学。1965 年，獐岛海神娘娘庙拆除后，在庙址新建獐岛小学，建筑面积 200 平方米，校舍 11 间，仍为石基泥坯起脊式草房。

改革开放后，獐岛村重视教育发展和学校建设。1990 年，獐岛村在原校址上对校舍进行翻建，将原先的起脊式草房改扩建成水泥砖瓦结构的平顶房，学校占地面积 1500 余平方米，建筑面积 230 平方米，设有 6 个班型。1990—1994 年，学校还曾设立过初中一、二年级的“戴帽班”，全校有教职工 8 人，学生 120 人。2011 年 9 月，獐岛村争取国家投资，将学校迁至西口（西山）组北侧新建，占地面积 2000 余平方米，其中操场占地 1400 平方米。学校建有一座二层、618 平方米的教学楼，并配有电脑、投影仪等现代化教学设备。至 2016 年年末，学校有 5 名教师，开设 2 个小学班， 1 个学前班，没有初中班，全校有学生 24 人。因岛上生源较少，獐岛小学隔年招生。

獐岛村党支部和村委会十分重视教育工作，制订激励政策，奖励村内学子。规定凡是考取大学（大专）的学生，都对其进行奖励。2004—2016 年，全村共有 38 名村民子女考取高等院校，獐岛村兑现奖金近 17 万元。

学生上体育课

獐岛村卫生所

长寿老人韩李氏

卫生 早年，獐岛渔民出岛难。海岛偏僻落后，渔民看病难，若有小病小伤，要么上山采集中草药治疗，要么用民间土方法治疗，有的因为没有钱医治只好拖延着。1955年3月，中国人民解放军某部加强连进驻獐岛后，驻岛部队卫生所为岛上渔民解决了看病难问题。20世纪60年代，獐岛大队的乡村医生应运而生，并建起自己的卫生所。改革开放后，随着经济的快速发展，村民的医疗卫生条件得到显著改善，小病不用出岛。至2016年，岛上有80岁以上老人27人。后口组韩李氏生于1915年，101岁，仍耳聪目明，精神矍铄。

獐岛村卫生所里最早的医生是从丹东卫生学校毕业的本岛青年王洪盛。1980年8月，王洪盛调到北井子卫生院工作后，先后有修姓和毕姓医生接任。1985年，驻岛部队撤离后，村民和进岛游客就在村卫生所看病就医。自1982年始，村卫生所所长王春堂对中

村医王春堂准备给病人打点滴

村医杨海丹背药箱出诊

医进行深入探究，并收集整理中医秘方数百个。他运用西医与中医辨证施治，治好了许多疑难杂症。2013 年 8 月，中华中医药学会在北京举办中药透皮技术临床单位培训班，王春堂应邀宣讲《中药经络贴敷辅助治疗小儿支气管肺炎效果临床观察》的论文，受到与会者好评。该论文被收入《中药透皮技术临床应用荟萃》一书。随着獐岛村海岛旅游业的快速发展，到獐岛旅游度假的游客逐年增多，村卫生所以优质热心的服务，赢得游客信赖。2013 年，獐岛村对卫生所实行承包经营。至 2016 年年末，村卫生所有医生 2 人、护士 1 人，设 2 个卫生室（所），卫生所建筑面积 120 平方米。

◉ 村民生活

收入 新中国成立至 1978 年改革开放前，渔民主要以渔业收入为生。1978 年，村民人均年收入 520 元。改革开放后，特别是 1998 年以来，獐岛村不断调整产业结构，为渔民开辟致富门路，在抓好海上捕捞、海产养殖的同时，重点抓好海岛旅游业。全村 45％的渔民家经营宾馆、客栈，渔民收入不断提高。2016 年，村民人均年收入达 6.5 万元，是 1978 年村民人均年收入的 125 倍。

消费 1978 年改革开放前，獐岛村民消费水平较低，住的是起脊的草房或平顶的砖

渔家乐

旧貌换新颜

瓦房；日常生活用的是传统的老器具，家庭很少有现代化器具和通信设备；穿戴的是传统的服装和鞋帽。改革开放后，随着村民收入的提高和消费观念的改变，村民的消费水平迅速提高。至 2016 年，全村 216 户，已有 40 户在岛内住上了楼房，还有 20 户在东港市买楼房，人均居住面积 40 多平方米。家家都有电视机、电冰箱，有些家庭还安装了空调，电话入户率 98%，宽带入户率 50%，成年人都有手机。高档时髦的服装不再是城里人的专利，獐岛村民的穿戴一点也不逊色。村民舍得在教育上投资，2004—2016 年，培养出 38 名大学生。

福利 “大河有水小河满”，獐岛村集体经济发展了，有了为村民提高福利待遇的条件。獐岛村遵照共享发展理念，不断提高集体福利标准。2016 年，村投入集体福利资金 200 多万元。具体有：①年底为每个村民发放补贴。2016 年每人发放 2400 元。②节假日给村民发放水果、米、面、油、海鲜等食品。2016 年给每个村民发放 4 箱苹果、1 袋大米（10 千克）、1 袋白面（10 千克）、1 壶豆油（2.5 千克）、鱼、虾、蟹等海产品（10 千克）。③免费为村民办理合作医疗。④免费为老年人办理中国人保和中国人寿两份意外伤害保险。⑤为男 60 周岁、女 55 周岁的村民每月发放 70~100 元养老金。⑥免费为村民办理家庭财产保险。⑦免费为船员办理人身保

喜气洋洋领年货

险。⑧村民进出岛免费乘坐进出岛客轮。⑨春节前走访80岁以上老人，送慰问金和食品。⑩为考上高等学校的本岛学生发放奖学金。

文体 獐岛村地处海岛，改革开放前，渔村的文体生活十分单一，除中国人民解放军驻岛部队不定期播放电影外，平时没有什么文体活动。那时，也没有电视机，一些渔民能有台收音机听听音乐，就是很大的享受了。改革开放后，特别是2005年社会主义新农村建设以来，随着渔民收入的增加，文体生活变得十分丰富。村有图书室，室内有政治理论、法律法规、文学艺术、科技常识等书籍，供村民阅读。村有篮球场，篮球爱好者可在篮球场练球或打比赛。篮球场四周布满了各种健身器材，村民可以随时到这里锻炼身体。村里有2.3万平方米的滨海广场，只要天气好，男女老少就会聚集在广场，跳起广场舞。村里还成立了广场舞队，为游客表演广场舞，并参加镇里的比赛。村里不定期举办篮球比赛，节假日还组织文艺演出。

村篮球场

◉ 文明新风

爱国爱岛 獐岛村民爱国爱岛。新中国成立前，就有热血青年当兵投入到解放战争中去。抗美援朝战争期间，有5名青年参加志愿军赴朝作战，保家卫国。獐岛村党支部历年来利用多种形式对村民进行爱国爱岛的教育活动。从2014年起，村党支部就策划獐岛的整体宣传，其中，利用岛上的山体和村民家的墙体作为宣传载体，计划分5年完成4000多平方米的壁画、浮雕。主题分为中国共产党执政理念、社会主义核心价值观、中国传统文化、歌颂祖国美好河山等。至2016年，已雕绘2000平方米的壁画、浮雕。村委会办公楼两侧有宣传社会主义核心价值观的壁画，獐岛村的办公楼墙壁上挂着一块写有“饮水思源”的木匾。獐岛人以中日甲午海战为题材，通过宣传邓世昌的爱国事迹，培养村民爱国情怀。獐岛小学虽然只有20余名学

位于村委会台阶右边的壁画《宣传社会主义核心价值观》

位于村委会台阶左边的壁画《宣传社会主义核心价值观》

位于村交通要道处的壁画《獐岛美》

岛上景观路旁的壁画《事业传承》

位于岛上半山腰道路边的浮雕《妈祖的传说》

生和学前班幼儿，仍每周坚持升国旗唱国歌仪式。中共中央号召建设社会主义新农村，獐岛村从实际出发，发展休闲农业与乡村旅游。加强民主管理，先后获得“全国五星级休闲农业与乡村旅游示范点”“国家民主法治示范村”等称号。

村干部带头捡拾海滩垃圾

退休老人义务修剪路旁树木

“岛是国家的岛”，獐岛村民遵循爱岛就是爱国的理念。他们从身边事做起、从小事做起，把岛里的事当成自己家里的事，关心岛上的建设，为岛上的建设贡献力量。杨秉记任村党支部书记、村主任期间，以岛为家，为獐岛的发展兢兢业业、任劳任怨。1995年，被辽宁省人民政府授予“省劳动模范”荣誉称号。1998年，獐岛村委会改选时，张忠有参加村委会主任竞选，并全票当选。2006年4月，他又当选为村党支部书记。张忠有当上村干部后，转变观念，调整发展思路，千方百计为海岛基础设施建设跑资金、争项目，使獐岛村旧貌换新颜，成为辽宁省地区著名的海岛旅游胜地。獐岛旅游客运公司副经理杜生军，爱岛敬业，从严管理公司，每年为集体节约上万元费用。獐岛小学校长张洪桥，2000年退休后，看到从獐岛码头下船的游客随手将垃圾扔在路旁，影响獐岛的卫生和形象，主动担当起保洁任务。张洪桥除干着清洁工作外，还当上岛上花草树木的义务“美容师”，负责岛上一段路旁树木的修剪工作。渔民徐福，看獐岛山上没有落叶松树，便从其老家抚顺带回十几棵落叶树苗，栽到山上。1998年后，村领导看到獐岛村可以栽种落叶松树，就从岛外引进落叶松树苗，成片栽种。既美化了环境，又使獐岛有了成材林。

自立自强　獐岛村民有大海一样的坚毅性格，1978年改革开放后，他们坚持自力更生、自立自强，发展经济、改善生活，一步一步发展起来，奔向全面小康。

1989年，渔民于新年了解到獐岛村招待所接待客人有收入，有时客人多了没地方住，萌生出开办家庭客栈的想法。但是办客栈需要资金投入，当时，他家又没有那么多

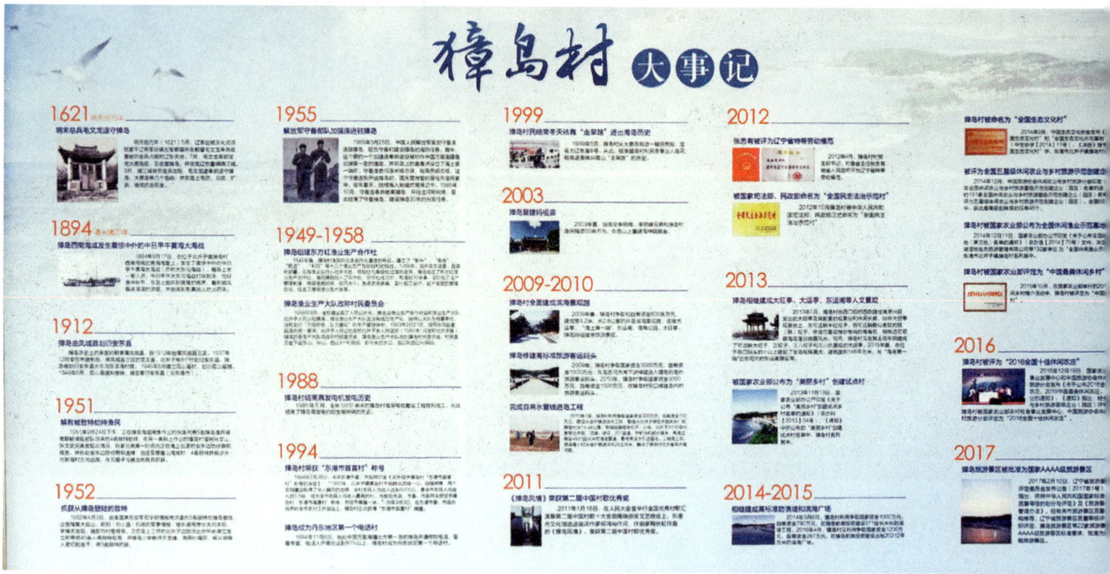

獐岛村奋斗史图展板

钱。于新年用家里积攒的几千元钱，改造了自家的 4 间住房，购置了被褥和餐饮用具，办起獐岛村第一家渔家客栈，客栈一次可接待 30 多位客人。2000 年，于新年又利用开办客栈挣来的钱和借款，在獐岛建起第一个家庭宾馆，起名“望海楼”。至 2016 年，“望海楼”建筑面积达到 3000 多平方米，有床位 160 个，有大小会议室、大小餐厅、游艺室，可以满足游客的不同需求。到 2016 年，獐岛村共有 90 多家宾馆、客栈，全是依靠村民自己的力量逐渐发展起来的。

村民庞桂娟是 1988 年从东港市马家岗乡（椅圈镇）王家岗村嫁到獐岛村的。1992 年，她开始和丈夫一起出海捕鱼。是为獐岛妇女出海打鱼的第一人。1994 年，她丈夫由党全和别人合伙买了一艘大船，出海打鱼收入相当可观。庞桂娟则从别人家借了一条舢板船（槽盆），自己摇橹，出海下网捕捞大蟹子和鱼虾。经过多年的辛勤劳动，不仅还上外债，还在院内新建 4 间平顶耳房，并于 2012 年开办了“日出渔家”客栈。客栈没有雇用服务员和厨师，夫妻俩亲自给客人做饭、打扫房间、浆洗被褥。

诚信友善　獐岛村树立“游客至上、信誉第一、服务第一”的宗旨，对游客做出三项承诺：一是保证尊重游客，服务热情；二是保证明码实价，不搞欺诈；三是保证客房卫生舒适，服务周到。獐岛人说到做到，绝不食言，受到游客好评。

游客到獐岛后，除随旅行团到的要到指定宾馆或客栈食宿外，其余游客均可自主选

优质服务

整洁的客房

择宾馆或客栈食宿。獐岛村规定不准到宾馆客栈或码头抢游客，更不准用虚报价格的方式欺骗游客。

游客到宾馆或客栈后，服务员会热情地介绍客房的布局和价格，供游客选择。不管是高档间还是普通间，都保证窗明几净，被褥干净、整洁。

游客可以自主选择就餐方式，可以吃集体餐，也可以吃零餐。饭菜价格随行就市，在餐厅公示。餐饮用的食材都是从正规厂家和商店进货，杜绝假货流入宾馆饭店。

岛上民风淳朴，獐岛人不仅讲诚信，对人还特别友善。村里居民团结，谁家有大事小情，都能主动互相帮助。獐岛村民孙连华既不是村干部，又不是村里的司法调解员，可她心地善良，村民家有事，她都主动帮忙。特别是有些家庭闹矛盾或离婚的，她都出面调解，村民称她是化解家庭矛盾的高手。渔民张述洲是修船、造船的老木匠，村里渔船需要维修都找他。某位渔民的小型捕捞船触礁，船底盘漏水，船帮也需要更换。经张述洲维修，旧船不仅如新船一样，还省了几千元材料费。

獐岛村民对待游客就像对待家人一样，如果游客发生意外，獐岛村民都会毫不犹豫地伸出援助之手，帮助解决。1998 年，北京有 18 位游客到獐岛旅游，到獐岛前已经把第二天回北京的火车票买好了。第二天，由于游客流连獐岛美景，耽误乘船出岛时间。如果当天出不了岛，返回北京的火车票就无法退掉，火车票就会作废，就要损失一笔钱。接待他们的宾馆负责人得知此事，和他们商量解决办法，建议他们在枯潮后走“旱路”，到兴隆山后再坐汽车到丹东，这样就不会耽误火车。得到游客同意后，宾馆负责人安排专人领着北京游客走“旱路”离开獐岛。游客到丹东火车站检票上车。半个小时后，28 次北京特快列车缓缓开出丹东。

拾金不昧是獐岛的优良传统。有的游客离岛时，忘记带走照相机、钱包等物品，宾馆、客栈的经营者都会想方设法归还失主。

仁爱孝悌 仁爱孝悌是中华民族的高尚美德，也是獐岛人的传世家风。獐岛村民虽然没有多少人学过《论语》《三字经》《孝经》等，但是，一代一代传下来的孝敬老人、兄弟姊妹团结和睦的风气正在发扬光大，感人的事例不胜枚举。

2011 年，獐岛小学退休教师杨春艳的婆婆因病卧床，生活不能自理。杨春艳的丈夫在村里工作，照顾老人的事就落在她一人身上。老人经常腹泻，衣服、被褥常被弄脏，杨春艳毫无怨言去洗干净。赶上数九寒冬，为了把老人弄脏的衣物洗干净，她双手冻得通红。杨春艳每天按时给老人翻身、按摩、擦身。直到 2016 年去世，老人没生过褥疮。村里人都称杨春艳是孝敬老人的好媳妇。

村党支部书记、村委会主任张忠有和弟弟张忠民堪称是孝敬老人的典范，他们对上了年纪的父母亲给予无微不至的关心。他们经常为老人送吃的、穿的、用的。过春节时，从腊月二十六七到正月十七八，他们带着年货和礼物，领着全家人到老父亲家过年。祖孙四代人欢聚一堂，其乐融融。2016 年，老母亲得了重病，治病花了 7 万多元，两个儿子和孙子就把药费交上了。哥俩因工作忙，就花钱雇了一位保姆，细心照料老人。平日里，不管工作多忙，哥俩总会抽空看望老人。

夜不闭户 獐岛是个渔村，传说渔村里有个巡海夜叉，每到夜晚就在大街小巷、挨家挨户巡逻，发现谁偷别人家的东西，就惩罚谁。所以，自古以来獐岛村民形成习惯，房子从来不用关门，住家出门也很少锁门。有的家虽然修了院墙，也不安装大门。新中国成立后，虽然渔民不相信这个传说，但是淳朴的民风业已形成，夜不闭户的习惯一直延续下来。对于个别爱贪小便宜的人或曾经发生过小偷小摸的事，一旦被发现后，大家

祖孙张贴“福”字过大年

夜不闭户

都谴责他，使他感到在岛上很难待下去，很快就改变了不良行为。獐岛旅游业兴起后，村里除加强安全防范教育外，还组织治安巡逻队，负责游客安全保卫工作。至2016年，岛上没有发生一件游客财物被盗事件。

拥军爱民

军爱民 1955年3月，一支有着光荣历史的中国人民解放军某部“老九连”到獐岛村驻扎。当时村里没通电，渔民晚上靠煤油灯照明，生活很不方便。驻岛部队有发电机，发电除供部队用，还为渔民家供电照明。每天傍晚开始供电，9点后停电。1985年部队撤走后，发电机留给獐岛村继续使用。

獐岛渔民用水，历来靠几眼水井，天干旱时，生活用水困难。驻军急渔民之所急，1955—1985年驻守獐岛期间，发动官兵陆续挖了3眼深井，除供部队用水外，还供村民使用，解决了村民用水难的问题。

2014年守备连老战士向村委会赠送的锦旗

20世纪60年代，獐岛村民冬季取暖的生活用煤，全是从岛外用船运进来的。獐岛村在丹东买煤，雇丹东港务局的驳船将煤运到獐岛西口，驻岛部队组织官兵帮助卸船，然后用土篮挑，用抬筐抬，将煤运到指定地方，个个累得汗流浃背。

解放军没有驻獐岛时，岛上根本看不到电影。守备连进岛后，不定期地给村民放映电影。每次听说部队晚上放映电影，大人小孩早早就搬板凳到广场。部队放映的电影有《地道战》《铁道游击队》《渡江侦察记》等。

1982年早春，天气很冷。辽东渔2434号船的一个船员在坞上修理机器时，在船上生炉子取暖，干完活回家时，忘记了把炉子的火熄灭，而酿成火灾。夜里12点，哨所战士发现船上起火后，马上报告村里，村里紧急动员村民和部队官兵一起救火。大家拿铁锹掘滩泥压火，直至凌晨3点多钟，终于把火扑灭。

解放军为村民打的一眼水井

1985年，北井子镇一家企业在獐岛村建立拆船

守备连官兵与大队干部商谈工作

公司，一名在拆船公司当小工的渔民，把一种食盐状的东西当作精盐拿回家。一天中午，他的爱人做饭时，误放了这种东西。下午三点钟左右，在海滩上扒蚬子的这个渔民的女儿感觉站不住了，倒在海滩上。驻军医生闻讯急忙赶过去，诊断这个女孩是食物中毒。医生和村民一起把她送到家里，发现全家人都中毒了。由于驻军卫生所条件有限，怕耽误救治，医生提议把患者送岛外医院救治。他和村民一起把患者抬到码头，并联系部队的车把病人送到北井子医院。由于抢救及时，患者得救了。

1985 年 10 月，驻军撤出獐岛，移驻到庄河县（庄河市）杨树房，可是他们仍关心和支持獐岛村的基础建设。曾经在獐岛驻军的一名连长调出獐岛后，还多次组织官兵回獐岛植树，最多一次植树 1500 多株。

民拥军　岛上有驻军时，每到春季海捕时节，獐岛村渔业队捕到大蟹子回港后，村

小鹿岛（獐岛）守备连退役老兵与岛上村民联谊会合影

干部总要挑些又肥又大的送到驻岛部队，让守岛官兵先尝尝。平日里，渔民隔三岔五就给岛上驻军送些鱼虾等海货，为官兵改善伙食。

驻岛部队修筑海防工事时，坑道打下来的石头和泥土要运出坑道外，有的战士两个肩膀各挑一担土篮。就是这样干，坑道打下的石头和泥土还不能及时运出，一度影响了施工进度。獐岛村民得知后，主动帮助驻军从坑道往外运石头和泥土。砌坑道用的石头不够用，村民就用锤子砸石子，急施工之所急。

驻军在大坨子打坑道时，为了加快进度，中午不回部队食堂吃饭，由炊事班送饭。1958 年的一天中午涨大潮，往岛上送饭要经过的沙滩被海水淹没。送饭的炊事员不会游泳，饭送不过去。这时，在海边玩耍的岛上儿童金广礼让炊事员把午饭分成几个小袋，然后把干粮袋叼在嘴上，一次次踩水把干粮运到大坨子上，让官兵及时吃上午饭。

有一年冬天，部队安排给驻岛官兵和渔民放电影。可是冬天没有进出岛的船，需要走旱路到岛外接电影放映员进岛。驻岛官兵不熟悉旱路，獐岛村的几个渔民主动请缨，到岛外背回放映机和电影片，使驻岛官兵和渔民及时看上电影。

岛上一些老大妈，经常到部队营房看望子弟兵，帮助他们洗补衣袜。

民拥军的情意，驻岛官兵终生难忘。2014 年，30 年前的部分驻岛官兵相约，带着家人，回到他们的第二故乡——獐岛，与獐岛村民开展联谊活动，合影留念，并赠送了一面写有“守岛建岛结友谊，经年寻梦见真情”的锦旗。

渔舟唱晚

海岛旅游

獐岛村利用独有的资源优势，大力发展生态獐岛、旅游獐岛。岛与海、自然景观与人文景观集于一岛，冬无严寒，夏无酷暑，四季分明，气候宜人，成为国家北方海岛旅游的主要景区之一。

经过十几年的发展，景区已拥有快捷、便利的交通和完善的旅游服务设施，游览景区景观、食宿宾馆酒店极为方便。著名的石栏观潮、观音面海、潮头麒麟、大运日出、海角公园、东山极顶、大旺晚霞、妈祖护海的“獐岛八景”，令游客目不暇接。精心打造的娱乐休闲项目，让游客在欣赏美景的同时，还可以亲身体验观海听涛的澎湃、出海体验的刺激、洗海水浴的清爽、海滩拾贝的乐趣、海上垂钓的惊喜、沙滩漫步的惬意、礁石捉蟹的惊奇、海滩烧烤的美味、做客渔家的温馨。景区以其独特的自然风光、人文景观，令众多国内外游客流连忘返。

獐岛村志

獐岛的美丽是大自然的恩赐，是獐岛人智慧的结晶。獐岛著名的八景及休闲体验，备受人们青睐；獐岛是辽宁省乃全全国闻名遐迩的旅游胜地。

◉ 旅游规划与实施

旅游规划　1993 年 12 月，受东港市政府委托，辽宁省城乡规划设计院完成编制大孤山风景名胜区总体规划，规划于 1995 年 5 月通过专家评审。这一规划包括了北井子镇的獐岛景区。大孤山风景名胜区规划面积 140 平方千米，规划重点开发建设大孤山、椅圈温泉、北井子温泉、大鹿岛、獐岛、小岛子景区。2004 年，受东港市政府委托，沈阳建筑大学城市规划设计有限公司承担编制《东港市 2005—2020 风景旅游概念规划》工作。2005 年 1 月，此规划编制完成。《东港市 2005—2020 风景旅游概念规划》对全市旅游资源特点、发展目标、市场定位、发展方向、产品开发、投资方向、战略措施等旅游发展若干重大问题和重要项目，进行全面系统地描述和规划。

獐岛村根据东港市政府的旅游规划，从实际出发，细化獐岛风景旅游规划。具体内容是以海洋港区和海岛为背景，以休闲度假、海洋娱乐、公共游憩为主体功能，以标识性建筑、主题性景观和特色项目“妈祖文化”为载体，以区域化品牌运营、度假区经营、休闲海岛产业化运营三位一体的综合运营为手段，建成以海滨休闲为主题，具有全国一流水准的旅游度假区；打

旅游项目建设规划之一

造集娱乐休闲、浪漫时尚为一体的全国第一游乐岛。把旅游业培育成为獐岛的支柱产业，全面建设现代化、生态型、创新型的国际滨海旅游目的地；到 2020 年，把獐岛建设成为有特色、高品位、国际化、高收益的中国最佳旅游海岛、具有“和谐精致，恬静自然”特质的东北亚滨海旅游第一岛。

按照獐岛旅游规划，结合獐岛社会主义新农村建设，獐岛村根据发展需要，一边不断调整和完善旅游规划，一边加大旅游规划的实施和推进力度，将规划变成美好的现实。至 2016 年，獐岛旅游景区建设总投资达 2 亿元。

复建妈祖（海神娘娘）庙 旧时獐岛妈祖（海神娘娘）庙坐落于獐岛村中山组（后口组），也就是獐岛村委会东侧原獐岛小学旧址。1965 年夏被拆除。2003 年夏，由信士李明辉、李明峰兄弟与獐岛村渔民捐资 60 余万元，在獐岛村滨海广场西侧的南山顶复建妈祖庙，是年 8 月竣工。新建的獐岛妈祖庙占地 600 余平方米，建筑面积近

200 平方米。妈祖庙建筑格局参照旧制，三间正殿的正中一楹供奉海神娘娘妈祖神像，东侧为龙王殿，西侧为财神殿，正殿东西两侧分别站立护法神千里眼和顺风耳，各殿之间用幔帐相隔。正殿两边各建有一间耳房。

妈祖庙山门

扩建滨海广场 海滨广场位于獐岛村南面，前身是一个仅有 6000 平方米的简易广场。2016 年，獐岛村争取国家投资 1200 万元，村里自筹资金 287 万元，动用土石方 5.75 万立方米，扩建成占地 2.3 万平方米的高标准滨海广场。宽敞大气的滨海广场采用清一色的大块花岗岩石铺就。耸立于广场之上的 5 盏高杆灯，夜晚灯光明亮华丽，广场如昼，与西侧色彩斑斓的霓虹灯交相辉映，场面十分壮丽。广场上设有造型美观的木质长凳，供游客和村民休闲用；南侧设有石柱护栏，游客可以扶栏观海。

滨海广场一角

成立旅游、客运公司 1989 年 5 月，獐岛村投资组建东港市獐岛旅游公司，为集体企业，主要负责獐岛景区的客运业务。2015 年，因业务需要，公司将客运业务分离出来，组建东港市民生獐岛客运有限公司。（参见本志“海岛旅游 · 旅游机构”）

重建客运码头候客厅 2009 年，獐岛村争取国家投资 3000 万元，自筹资金 1000 万元，在岛外北井子镇龙态河大闸下游修建集载客、餐饮、购物、停车、休闲为一体的国家三级新客运码头。码头占地面积 4 万多平方米，其中包括 1000 余平方米的售票、候船大厅、20 余延长米的专用栈桥和 3.4 万余平方米的封闭式停车场。2014 年，獐岛村又争取国家投资 3000 万元，自筹资金 1000 万元，在獐岛后口港建起占地 3600 平方米

新建码头候船厅

的客运码头，其中包括售票大厅、候船大厅和旅游专用栈桥。岛外、岛内客运码头的建成，解决了旅游旺季游客进出岛过于拥挤的问题。

建设景观亮点 獐岛村在仅有的 0.96 平方千米陆地、六坨三礁以及海滩上大做文章，把工作的重点定位于海岛旅游，充分利用得天独厚的海、岛资源，借景造景，打造景观亮点。在獐岛，游客登东山极顶，极目远眺，六坨三礁尽收眼底；漫步在环岛滨海景观路上，眼前尽是大海波光潋滟的景色；伫立在滨海广场上，仰望香炉坨子南侧壁崖上观音那慈祥的面容。除了自然景观，獐岛还从自然条件、生态环境、人文历史、风俗人情出发，打造出仙山公园、海角公园，以及大运亭、大旺亭、东运阁等符合当地风情的人文景观。

獐岛景观石

客船

购置客船快艇 1993 年 7 月，獐岛村为了适应旅游经济的发展，购置獐岛村第一艘客船——辽东客 9 号，该船 88.2 千瓦，一次可载客 200 人。1999 年 6 月，又从大鹿岛购进一艘钢壳船——辽东客 8 号，由此，岛上村民结束了冬季进出岛只能靠退潮奔兴隆山“走旱路”的历史。2005 年，獐岛村新造客船辽东客 7 号，淘汰辽东客 9 号。2006 年，獐岛村新购一艘客船并经过改造命名为辽东客 1 号。2011 年，新造客船——辽东客 2 号。2013 年，又新造一艘客船獐岛号。至 2016 年年末，獐岛村有客船 5 艘，快艇 4 艘。

改造水电道路 獐岛村为解决岛上淡水问题，2009 年，向上争取资金 300 多万元，自筹资金 150 多万元，用于实施自来水工程建设，施工管线从北井子镇徐坨村自来水厂到獐岛村全长 18.5 千米。同年 11 月，自来水管线铺设正式开始，2010 年 7 月 22 日竣工，至此獐岛用上了自来水。

1955—1988 年，一直是守岛部队利用发电机为村民供电。1988 年经向上级争取，由东沟县农电局组织实施全长 5000 余延长米的獐岛村海底电缆铺设工程。同年 6 月 23 日，开始送电，从此结束依靠发电机供电照明的历史。

2009 年春开始至 2011 年 11 月，獐岛村向上级争取和自筹资金计 600 余万元，建成 2800 延长米、4.2 延长米宽的环岛滨海景观路，此外，还有计划地进行村路改造，路面均为石板或石条铺就。街道宽敞、平整，四通八达，游客游览景区景点十分便利。

◉ 獐岛八景

獐岛村在自然条件、生态环境、人文历史、风俗人情的综合作用下，形成了著名的獐岛八景。

石栏观潮　獐岛位于中国 18000 千米海岸线的北端起点，是极佳的观潮处。石栏观潮的最佳位置位于獐岛南部中央的海滨广场。沿着石路走上一道陡坡，看到的是一片宽阔的海面。前行下坡，是 23000 平方米的广场。一道石栏，分开了海和陆地，清一色的花岗岩，有立着的，有横着的，每一道石栏，宽窄都是半尺多，长达 400 米的石栏，形成巨大的弧形，弧顶正迎着从后口伸向岛前的石路，像一个巨大的臂膀，环抱宽阔的海湾。

石栏观潮

惊涛拍岸

石栏下，是一道石板铺就的斜坡，有三处石台阶，每处台阶，都有二十几级，从广场直通海滩，那浪，扑到石堤的斜坡上。一个潮头扑上来，吞下三四级石阶，退下，吐出二三级；又一个潮头扑来，又吞下三四级石阶。浪头肆意处，激起千堆雪。

观音面海 獐岛，一岛六坨，香炉坨子离主岛最近。香炉坨子位于獐岛的滨海广场东南方。四周环海，都是陡峭的石崖，峭岩上的石纹，斜着、折着、扭曲着。大自然让岩浆从海底冲天而起，液体的火焰骤然凝固的那个瞬间，液体的岩浆变成了香炉坨子。

在香炉坨子南侧崖壁，可见一个人面的侧影，有明净的额头、清晰的鼻子、线条分明的嘴

观音面海

潮头麒麟

巴，和观音菩萨一模一样。

这座观音头像，面朝大海，岛，不是人造的，是从海底生出来的；观音像，也不是人造的，是从石崖上自然造化而成的，自从有了香炉坨子，就有了面海观音。

潮头麒麟 潮头麒麟位于獐岛的大坨子东南方。趁退潮时候，下到坨子底，眼前是礁石，白、棕、黄、黑、紫、灰，起起伏伏卧在滩涂上。北折 10 米，潮头麒麟到了。

石麒麟，是一块天然的礁石，化成麒麟的模样。据说，麒麟的故乡在山东巨野，巨野人奉麒麟为神明，獐岛人的故乡也多是山东。那只麒麟这回头的身姿，凝固在海滩上，化作了一块礁石，永远在立在那里，成为獐岛瑞兽。獐岛有麒麟，寓意吉祥。许多到獐岛游览的人，都爱把一只手抚到石麒麟的腿上，想沾点仙气、灵光。

大运日出 在獐岛有一看日出的好去处——大运亭。大运亭位于獐岛的东山头。

夏季，凌晨 4 点，沿滨海广场东去，一路前行，到东山头后，有一座亭子立在临海的山崖上。亭为木制，单层。亭六角，向六方洞开，遥向的前方，海和天的界限模糊了。香炉坨子、大坨子、三坨子以及泊在海湾远处的渔船，成了一抹抹黑灰的剪影；竖在浅海的张网，如淡墨写意，似有还无。间或，有海鸥掠过，一只或几只，如滑翔的剪

大运日出

影。那块王八石，像一只万年老龟，悄悄潜伏于水中，屏息凝视。

晨若有雾，云层显现出山的轮廓，几处峰顶出云端，显暗绿，如一条仙蟒盘踞云海。偶尔光雾结合，还会出现罕见的“佛光”立于山顶，脚下云烟翻滚，“佛光”映于云海之上。天晴时，视线远处东边天海相接，一抹红晕，红得像要滴出汁水来。转瞬，太阳蠕动浮起，在半天高的地方，先是半个红红的圆，像刚刚点燃的一团柔软火焰，刹那间，那半轮的红就圆了，精神抖擞、步步为营，映得半天的云也红了。不是曙红，不是大红，是近乎蛋黄的红，在起伏的海上抖动，先是一条柱形，进而就变成了一大片，

迎宾灵石

中间部分艳，四围的边缘淡。红光里，獐岛的山水剪影都变得青了、翠了，黄的迎春、红的杜鹃，似一抹抹清水洗过后的艳丽。

海角公园　獐岛有一处公园，名海角公园，位于獐岛的东北侧。海角公园里大多是原生树种，著名的鹅耳枥，在岛外，是珍稀树种、是国家一类保护树种，而在獐岛，却是地地道的野生树。除鹅耳枥之外，还有松、柳、槐、柞，都是土著。走进公园，门口立着那块石头上有“海角公园”四个字。

鸟鸣树梢，人行林荫，不知不觉中，身处自然，拂去了一身的尘埃。路面弯曲，脚

东山极顶

下铺的多是山里的原石，拼成各色的图形。松树、柞树的根就扎在路的中间，树根的周围，留着透水的泥土。那棵树就这样留下了一片青翠。

沿着石路，路面上堆满了柞叶，每一片都十分肥硕，一片片靠在一起，足有半尺厚。

东山极顶 獐岛一岛六坨，其主岛海拔只有71.1米，是獐岛登极之处。

在后口处，环岛的柏油路面，是一条铺着地砖的小路，路的两边，树木茂密，继续向上，就是东山顶。

立在东山顶上西望，海面上风平浪静，斗转星移间，却是清光绪二十年（1894）八月十八日中日甲午战争之黄海海战的战场，致远舰就沉没在那边的海底。

獐岛，曾目睹过大东沟海战的伤痛，也成为北黄海的前哨。在东山极顶，20世纪50年代至80年代的一处海防哨所，曾是祖国北黄海一双警惕的双眼，密切注视着海面上的一举一动。

大旺晚霞

大旺晚霞 大旺亭，位于獐岛西口组西南山坡之上。

大旺亭，是看落霞的好去处。晴日，站在亭上，看那忙了一天的太阳，贴着蓝的天或是白的云，看海的浪在身下喧闹。其时，相距三二十里的酥坨子，静成一团影子。近处，是一块巨大的礁石，因其像鹰，称鹰嘴石。獐岛的麒麟石，整个一块石头就像是一只麒麟。

獐岛晚霞，天与海的边际一片通红，漫天红霞如艳丽的锦缎织绣在天幕。落日，像一个大而圆的红盘，悬挂在海天相接处。海面上，一道鎏金射在波光粼粼的水面，流光溢彩。

红日在海水的簇拥下入海。夜色犹如墨水在宣纸上泛开，肆无忌惮地蔓延向远方。

妈祖护海

海染成墨色，亭也染成墨色，渔船亮起一点点灯火。船上的灯，倒映在海上，一盏灯火变成两盏，船上的灯火清晰，海里的灯火朦胧。船上的灯、水上的灯，相伴相映，格外醒目。獐岛上的人家里，渔家人团圆的时候到了。

妈祖护海 在獐岛滨海广场西侧的南山头，有一座2003年复建的妈祖（海神娘娘）庙。殿宇三楹，正面供奉妈祖，左面是龙王，右面是财神。庙宇墙壁的东西两侧分别立着顺风耳、千里眼和“赶鱼郎”“四不全”的泥塑。妈祖驾临南山头一方宝地，守卫着獐岛渔家的平安吉祥。信奉妈祖的游客，上岛后一般先到妈祖庙拜祭，默默祈祷，顿有心平之感。很多游客听说岛上有妈祖庙，到妈祖庙沾沾福气。妈祖庙山下有仙山公园。曲径通幽的山上小路，用小石头铺成祝福的文字图形和海产品的形状。一边是路画，另一边是墙画，二者相映成趣。公园有凉亭，这里不仅能听到妈祖庙传出的祈福音响，能闻到香火缭绕的味道，还能看到大海、沙滩。妈祖灵光，既是一个景点，又是一个传播妈祖文化的重要媒介。

◉ 獐岛观鸟

候鸟种群 丹东鸭绿江口滨海湿地国家级自然保护区位于辽宁省东港市境内（北纬39° 40′ 50″～40° 50′，东经120° 21′ 39″～123° 30′ 50″），面积10.81万公顷，包括芦苇湿地、沼泽、湖沼、潮沼及河口湾等复杂多样的生态系统类型。丹东鸭绿江口湿地国家级

海鸟展翅

自然保护区沿东港93千米海岸线呈带状分布，而獐岛，正处于保护区的中间地带。包括獐岛湿地在内的鸭绿江口湿地，是全球10条候鸟迁徙路线最重要的栖息地。这片湿地，是澳大利亚—西伯利亚涉禽鸟类东亚迁徙路线的必经之路，来自赤道以南的众多鸟类，途径鸭绿江口，前往阿拉斯加繁育后代，飞行距离达1万多千米。鸭绿江口湿地是世界鸟类种群最为集中的地区，包括獐岛在内，每年有包括鸻鹬类、鸥类、雁鸭类、鹭类和鹤类等5大类250种、100余万只鸟在此停歇、觅食、聚会。其中，不乏世界珍稀鸟类黑嘴鸥和斑背大尾莺、国家一级保护鸟类丹顶鹤、二类保护鸟类大天鹅等鸟类的身影。这其中，黑嘴鸥、黑面琵鹭等为世界濒危鸟类。

獐岛及周围滩涂，还有诸多鸟类，如池鹭绿鹭、黑雁、鸳鸯、山鹑、鹌鹑、豆雁、黑水鸡、大鸨、针尾沙佳、大枸鹬、银鸡、岩鸡、山斑鸠、杜鹃、猫头鹰、楼燕、三宝鸡、斑啄木鸟、绿啄木鸟、金腰燕、喜鹊、松鸦、秃头乌鸦、乌鸦、黄眉柳莺、大山雀主雀、金翅、黑尾腊嘴、白鹤、苇莺、鸿雁、沙鸡、云雀等。

海岛观鸟 獐岛生态良好的湿地，不但是鸟类的驿站和美食天堂，也成为世界三个最为理想的观鸟地之一。到地处鸭绿江口湿地中间地带的獐岛观赏万鸟腾飞的壮美景观，需要根据潮汐变化调整观看时间，每年的农历四五月初一、初二、初三、初四、初五、十六、十七、十八、十九为最佳观鸟期。

在涨满潮前两个小时赶到湿地观鸟地，可以观看到壮观的鸟群。最大鸟群达12万多只，其中最具代表性的鸟种是斑尾塍鹬、大杓鹬、大滨鹬等。

迁徙海鸟

观鸟的最佳时机，是观鸟节。自东港市 2006 年举行首次鸭绿江口湿地观鸟节以来，至 2016 年已举办了 12 届。每年的 4 月末到 5 月初，国内外专业或业余摄影家像候鸟一样飞临包括獐岛滩涂在内的鸭绿江湿地。

在獐岛，人与鸟和谐相处，这里就是鸟的天堂。

◉ 休闲体验

观海听涛 獐岛观海听涛的最佳地点是滨海广场。站在石栏旁，放眼无边无际的大海，那里有最能打动人心的大场面、大风景，有海的汹涌澎湃，有涛的起伏轰鸣，有心

观海听涛

灵的震撼洗礼。

洗海水浴 獐岛有两大海水浴场，一个是正南居民区对面的金沙滩，一个是西口银沙滩。这两个浴场水底平缓，海底无礁石，深度适宜，脚下平坦柔软，是难得的黄金海岸。这里的海水纯净，矿化度高，因其含有大量的氯化钠、氯化镁、溴化钾、硫化镁等无机盐和微量元素，这些微量元素有益于皮肤病的防治。海水浴对过敏性皮炎、日光皮炎、神经性皮炎、牛皮癣、湿疹、痱子等皮肤病都有一定的疗效。在洗海水浴的过程中，海水的浮力和静水的压力可以起到按摩、消肿、止痛的功效，同时还能促进血液循环并使血管舒张，起到降压作用。

欢乐滨海浴

沙滩漫步 獐岛的沙滩有许多处，其中一处位于岛的南边，为獐岛最大的一块沙滩。当海潮退去时，这块沙滩长有 400 米，宽有 100 米。漫步在沙滩上，习习的凉风拂面而来，吸上一口温湿而略带淡淡的海的味道的

沙滩漫步

空气，令人心旷神怡。

海上垂钓 獐岛景区有酥坨子、半拉坨子、老母猪礁和王八坨子四个垂钓区，是爱好垂钓游客的好去处。天气晴好，风平浪静的时候，游客可与船家相约去海上钓鱼。带上提前准备好的鱼竿、鱼线和鱼钩，还有鱼饵，坐上小船向垂钓区驶去。船老大把小船停泊在指定的垂钓区附近，在船老大的指导下，游客拴好鱼线和鱼钩。这种竿的特点是放渔线和收渔线都有个圆形的摇把，鱼竿大约有四五米长，因为是在大海深处，船边放竿长度不需要很长。船老大会做示范，如何挂饵、如何判断鱼上钩、如何收杆。

垂钓

摘掉鱼钩上的鱼，再将鱼钩挂上鱼饵，抛向海中，期待下一个收获！在獐岛，可以钓到鲈鱼、黑鱼、胖头鱼、黄花鱼等，还有可能把螃蟹钓上来，体验意外的惊喜。

礁石捉蟹 退潮后，特别在农历每月初一、十五大潮汛，到星罗棋布的礁石上去捉蟹，都是一件既容易又有趣的事。

在獐岛礁石上能捉到的海蟹主要有赤甲红蟹、花盖蟹、石板蟹。这些海蟹与淡水蟹不同，它们是纯天然的，极有营养。

休闲时光

礁石捉蟹，要选择退潮后到

滩上拾贝

近海的礁石堆里去。一些礁石的下面四周围满了海水，这些海蟹就盘踞在礁石下面的海水里。用眼睛是看不到它的。一般情况下，人们要捉到它，首先要选择到大的礁石下面，四周还有浅浅的海水。再高高地挽起衣袖，把两只胳膊大大地伸展开，弯腰在礁石四周，两只手从礁石的两边伸到礁石的底部去，轻轻地往一起靠拢。海蟹在里面见到有东西进来了，会高高地举起两只大钳子。这时只要从它的钳子的两边靠拢，用手轻轻地把它的钳子压下，慢慢地拿住，把它从礁石底下捞出来。

海滩拾贝　獐岛海滩拾贝，时间可以选在夏季，也可以在冬季。夏季拾贝要等海水退去，带上水桶、小锹等工具奔向沙滩，脱掉鞋袜，挽起裤脚，最好戴上防晒帽和其他防护措施。冬季拾贝可以避开夏季烈日炙烤。穿着厚厚的羽绒服，戴着手套，足蹬橡胶靴，选择潮落时到沙滩。

獐岛海滩可以拾到毛蚶壳、文蛤壳、扇贝壳、螺壳、海螺壳、形状像小小脚印的牡蛎壳、沙蚬壳、牛眼蚬壳、海红壳等。品种繁多，几乎囊括海中尽有贝类之壳。这些贝类，不管曾经是红、是黑、是蓝、是褐，都已被岁月之水洗磨得白如珍珠，颗颗都是工艺品。獐岛冬天拾贝，幸运的话，还可拾到被海浪推到岸边的活蚬子和螺类。

在海滩上拾贝和到礁石上打蛎子可同时进行。獐岛的蛎子，因其海水浮游生物丰富，远离污染源，格外肥、鲜、嫩，口味纯正。打蛎子的最佳时节在八九月份。拿着打蛎子钩，提着装蛎子的筐，踩着软软的泥滩，到王八坨子、王八炕、老母猪礁、鹰嘴石等地方，一会儿就可以打满一筐。提回去让店家现煮现吃，味道鲜美无比。

出海体验　在虾跳蟹肥之时到獐岛，乘坐当地渔民的小渔船出海，可以体验一下渔民海上作业生活。

满载而归

到獐岛，如果想体验渔民如何出海捕鱼，只要和船家提前约好就是了。坐上渔船，映着朝霞，迎着海风，漂浮在一望无际的海面上。船航行的并不远，就到了渔家人的捕捞区域，到渔区找到了昨天下的网具。船家要准备收网了。此时，船家收放自如地站在船上，却不让游客乱动，游客可以坐着，帮助船家拉网，以免发生危险。

网被慢慢拉上来，鱼、虾、蟹什么都有。人们往往都是满载而归。将装有胜利品的塑料桶交给店家，稍后便可吃到蒸煮的海鲜。

做客渔家 到獐岛游玩，做客渔家，没有星级宾馆的豪华与奢侈，但却舒适惬意，温暖亲切，洋溢着浓厚的家庭气息。渔家的饭菜谈不上精致，但绝对味美鲜香，让游客品尝不同于大酒店的渔家海鲜。还能感受到家的自在，体验渔民淳朴的情怀，消除了身心疲惫，自由地放飞心情。

游客走进渔家，主人会笑脸相迎，热情招待，帮助安排好住宿房间。行囊一放，尽情地投海戏水、岛上赏景。回来时，店家已备好了饭菜，这里可以吃上用原始的烹调手法做出的最新鲜的海鲜。鱼、蟹、虾、贝，都是从海里刚刚捕捞上来的，放进锅里或蒸或煮或炖。热乎乎地出锅后，立马成为餐桌上的美食，极为丰盛诱人，鲜味只有在渔家才能够感受得到。

在院中放一桌子，朋友三五或七八人围一圈。若是赶上晴朗月圆的晚上，沐着海风，听着涛声，品着海鲜，饮着快乐，那是何等的美事！主人也会来敬酒，这时候他（她）必会自带酒水，再免费加上几个小菜，或腌制的小干鱼，或自己发酵的水兔酱，或虾油泡制的小菜等。

吃住在渔家，最大的感觉是心情放松，在体验渔家生活的同时，还可以与渔家人唠

做客渔家

海滩烧烤

家常，就像在自己家一样。

海滩烧烤 到獐岛除了景点游览观光之外，约三五个亲朋好友来一个沙滩烧烤，也别有一番情趣。

在沙滩上，架起提前已经买好的烧烤器具、木炭和食材，就可以准备烧烤了。食材的选择可根据各自的口味和喜好，适合烧烤的食材有肉类、鱼、海鲜、蔬菜、瓜果和面食、豆制品等。到海边烧烤绝对是以海鲜为主，如鲜鲈鱼、鲜鱿鱼、墨鱼仔、活虾、活蟹、鲜贝等。活鱼要先去鳞、去内脏、洗净，加调料腌制。鲜鱿鱼和墨鱼仔若直接放在火上烤会卷曲，可以用竹扦或牙签先将其固定。鲜贝类主要还是黄蚬子、杂色蛤、白蚬子，要事先吐净沙子，岛上有售已吐沙子的，可以直接烧烤。烧烤鲜贝火候是要掌握好的，贝壳张开就可以食用了，不必放调料，原汁原味，鲜嫩可口，别有风味。

◉ 旅游机构

东港市獐岛旅游公司 公司成立于 1989 年 5 月，由獐岛村投资组建，为集体企业，主要负责獐岛景区的客运业务，成立初期注册资本为 30 万元，拥有木质客船 1 艘，职工 5 人。日运送能力仅为 100 人左右，年收入几十万元。随着獐岛景区旅游业的不断壮大，截至 2015 年

上岗前

獐岛客运站

游客中心

年底，公司注册资金 300 万元，固定资产 9000 多万元，拥有大小船只 10 艘，职工 70 多人，收入 700 万元。

东港市民生獐岛客运有限公司 2015 年 1 月，将东港市獐岛旅游公司的客运业务分离出来，由獐岛村和东港市獐岛旅游公司共同投资组建成立东港市民生獐岛客运有限公司，注册资金 300 万元。2016 年年末，拥有客船 9 艘，固定资产 9500 万元，职工 60 余人。日发送旅客 1500 人次，2016 年年收入 900 万元。

游客中心 为使游览獐岛景区的游客得到良好的信息和休息游览等服务，景区在岛内外游客较集中的地段分设两处游客咨询服务中心（游客进岛码头和出岛码头），为游客提供景区各种宣传资料 10 余种。游客中心设置咨询台和游客休息场所，设立专人咨询、电话咨询。为游客提供信息咨询、游程安排、讲解、投诉、医务等服务，详细介绍各游览项目、游览内容、游览线路。并能为特定人群（如老年人、儿童、残疾人等）提供特殊服务。

◉ 旅游服务

安全保障 獐岛村为贯彻“安全第一，预防为主”的方针，树立“安全是旅游的生命线”和“没有安全就没有旅游”的安全观念，全面落实《獐岛景区安全管理工作实施办法》，确保安全生产和安全游览的同步进行，促进经济效益、社会效益和生态效益的同步提高。獐岛对景区的安全工作实行责任制管理，落实目标、落实措施、落实责任，建立起安全保障体系。加大安全监督管理力度，兑现奖惩措施。形成人人讲安全、人人重视安全、人人管安全的良好局面。

对景区内的供电线路、用电设备、用火设施定期进行安全检查，严防安全和火灾事故发生。春秋两季火灾易发季节，林区设专人看护，严禁各类火种进山，做到森林无火和有火不成灾；对船舶安全要求是船舶技术性能完好，船容整洁，并设有固定座椅，无线电通信设备完好，救生、消防设备齐全；对游览设施设专人管理维修，保证船舶运行安全可靠。设置引导标识和警告标志，保证景区内车辆安全行驶，保证游人安全游览。

环境卫生整治 獐岛村注重景区环境卫生的整治工作，为了给游客提供良好的游览环境，獐岛村成立獐岛景区“爱国卫生运动委员会”，全面负责獐岛景区环境卫生整治。从落实《獐岛景区环境卫生管理工作制度》入手，把景区环境卫生管理落实到组、落实到人，使景区环境卫生整治沿着程序化、制度化、规范化、经常化轨道不断向前推进。

獐岛配备专业卫生队负责海滩、景区道路等区域卫生，及时清理垃圾污物，使岛内空气清新，游览场所地面整洁。

獐岛村村民用清洁袋装运生活垃圾。每天清晨由村环卫车统一装车，运输至垃圾处理地点，做到日产日清。在游人集中较多的道路、广场，设有200余个垃圾箱供游人使用，保证景区清洁卫生。

按照国家食品卫生标准，獐岛村爱卫会定期督促检查餐饮业，餐具、饮具、厨具分类存放，消毒处理，严禁使用对环境造成污染的一次性餐具。

安全会议

应急避险指示牌

应急管理 獐岛村为景区公共安全和处置突发事件，最大限度地预防公共事件的发生，保障游客的生命财产安全，维护风景区安全稳定，成立了突发公共事件应急管理工作的领导机构，统一指挥协调景区内的应急管理工作。獐岛村针对景区人员密集，特别是在旅游高峰期游客大量涌入，人员骤增，一旦发生突发事件，容易导致人员拥挤、伤亡等安全隐患的状况，专门设置应急中心，并在显著的位置做了示意图。对预见性灾害及发生突发事件迅速做出判断，并第一时间赶赴事故现场组织抢险救援，绝对保证到獐岛游客的安全。

◉ 旅游配套

民宿客栈 自 20 世纪 90 年代始，到獐岛旅游的游客越来越多，獐岛村民纷纷利用自有住宅，建立以家庭方式经营的小型家庭旅馆来接待到岛游客。当时的民宿客栈，有不少是火炕，条件比较简朴。住宿的房间数量有限，安排住宿、清扫卫生、制作饭菜等服务，都由接待家庭承担。

民宿客栈因旅游兴起而兴起，獐岛因旅游业发展而发展。进入 21 世纪，不间断地演绎着翻新升级的建房场景，造就了獐岛村独具特色的民宿客栈。至 2016 年，岛上民宿客栈已由过去的几家发展到 62 家，日接待能力 2000 多人。民宿客栈从实用宜居变成宜居与景观兼备，有坐在房间里就能望见大海的海景房，有设计温馨动感的精品屋，也有渔家老宅改造的特色民宅。这些民居客栈分布在西口组的有 13 家，在后口组的有 22 家，在东口组的有 27 家。民宿客栈日接待能力最小的为 12 人，最大的为 60 余人。住在獐岛，可以在舒适的民宿客栈居住环境中枕着波涛入梦，也可以在海浪的喧闹中迎来新的一天。

宾馆酒店 20 世纪 90 年代，獐岛村就自筹资金建起獐岛宾馆，解决团队旅游住

海景客房

宾馆酒店

宿餐饮的服务能力和服务水平不到位的问题，逐步改变过去游客只能住渔家大炕、吃大锅饭的历史。进入 21 世纪，富裕的村民积极筹措资金，把原来平房的小旅饭店改建成楼房，开办起具有一定档次的宾馆酒店，与此同时，也吸引大量域外资金到岛投资建设宾馆酒店。至 2016 年年底，獐岛村有宾馆酒店 35 家，日接待能力 2600 多人，最大的宾馆一次性可容纳 200 人食宿。其中，分布在西口组的有 3 家，在后口组和东口组的各有 16 家。

旅游线路　到獐岛景区旅游，交通极为便利。

交通线路公路有国家级公路鹤大线（201 国道）、辽宁海滨大通道（海防路）；高速有沈丹高速公路、丹大高速公路，鹤大高速公路；高铁有沈丹高铁、丹大高铁；航线可从丹东民航机场达沈阳、大连、北京、上海等国内城市。

第一条交通路线为：沈阳—丹东—东港—北井子镇—獐岛码头—獐岛。

沈阳到丹东可坐火车或快客，到丹东再坐车直达北井子镇，然后打车到码头。快客也可直达东港，再坐车到北井子镇打车到码头。坐动车直达丹东、东港，再坐公交至北井子镇，亦可直达北井子镇，再打车到獐岛码头。

第二条交通路线为：大连—庄河—大孤山镇—北井子镇—獐岛码头—獐岛。

坐客车由大连经庄河，在北井子镇车站下车，然后打车到獐岛码头。亦可坐动车由大连到北井子站下车，打车到獐岛码头。

自驾游路线：沈阳—丹东（沈丹高速）丹东出口转（丹大高速）在马家店出口下道

游客如织的码头

向北井子镇方向行驶—獐岛码头。大连—丹东高速（丹大高速）在马家店出口下道向北井子镇方向行驶—獐岛码头。

獐岛码头（岛外）距丹东市区 70 千米，距东港市区 30 千米，距浪头机场 45 千米，距东港市北井子镇 7 千米，距獐岛景区 5.6 千米。

獐岛建有两个码头，一是入岛的岛外码头，是建在北井子镇龙态河大闸下游、集载客、餐饮、购物、停车、休闲为一体的新客运码头。设有售票大厅、候船大厅、专用栈桥和停车封闭广场。二是出岛的岛内码头，是建在獐岛后口占地 3600 平方米的旅游码头，设有售票大厅、候船大厅和专用栈桥。两个码头配备大客船 5 艘、摩托艇 4 艘。景区内还开通海上旅游专线，供游客享用。

横贯全岛的环岛滨海景观路，均为石板铺就，路面良好，四通八达。为方便游客，创造安逸舒适的旅游环境，景区道路路口均设置统一设计制作的引导标识，方便游人在景区内游览。

渔业生产

獐岛村经济属于海岛经济。在改革开放前，渔业是獐岛经济的唯一支柱产业。改革开放后，獐岛村的渔业生产有长足发展。2016 年，獐岛有“獐岛号”渔船 100 艘，在划定的浅海海域作业，年捕捞产量 2350 吨，产值 4600 万元。獐岛村有国家划拨的滩涂 6000 亩，养殖杂色蛤、蛏蛏等海产品，年滩涂养殖产值 600 万元；浅海 7.8 万亩，海滩养殖黄蚬子、杂色蛤等海产品，年浅海养殖产值6500万元。獐岛村拥有自己的渔港码头，有便捷的水产品加工销售渠道，渔业生产仍然是獐岛村经济的重要支柱产业。

獐岛村有优越的海域环境，盛产有国家地理标志的梭子蟹、黄蚬子、杂色蛤等海产品。渔业生产壮大了村级集体经济，是其经济支柱之一。

◉ 海上捕捞

生产体制　獐岛人祖祖辈辈都以大海为生。大海是獐岛人赖以生存的天然资源。獐岛村的老户村民多数是新中国成立前从山东移民到獐岛的。上岛后，顺山坡搭个窝棚，就算有了家。吃粮，靠在岛上开荒地种的苞米；吃菜，是开荒地种的应季蔬菜和从海上捕捞的鱼虾。打鱼使用的“小脚（juě）船”（小舢板船），靠摇橹行驶。渔民用“挂快钩”捕捞“洋鱼”（赤魟），使用簗网和张网捕捞杂鱼之类海产品，使用“裤裆网”打捞红头鱼和小嘴鱼等。鱼打捞少了，就自己吃；打捞多了，就驾船到岛外卖钱，添补家用。

1949 年，獐岛渔民响应国家号召，3~5 户自愿结合为一组，相继成立新中互助组、新合互助组、前进互助组、利民互助组等 10 个渔业互助组。1956 年，獐岛村的几个互助组联合起来，组织成立东方红渔业生产合作社，依靠集体力量，对小渔船进行改造，有了大木帆船，最大的可载 5000 多千克，并开始使用拖网捕鱼。

1958 年，全国实行人民公社化，獐岛成立渔业大队，以渔业大队为基本核算单位。渔业大队依靠公积金，逐步改造捕捞船只。1964 年，獐岛村有了

渔民将捕捞的水产品挑到岸上销售

60 千瓦机帆船。船大了，獐岛的渔船除了在近海捕捞水产品，还到山东一带海域捕捞水产品。当时，獐岛渔业大队根据船的大小，分别组成远海、近海、滩涂管理 3 个渔业生产组，实行工分制管理和分配。

1978 年，中共十一届三中全会后，农村普遍实行家庭联产承包责任制，獐岛大队尊重渔民意愿，因地制宜，从实际出发，逐渐改革渔业经营管理方式。

1980 年，獐岛村有 99.29 千瓦渔船 3 艘、73.55 千瓦渔船 2 艘、52.96 千瓦渔船 1 艘、44.13 千瓦渔船 1 艘，14.71 千瓦渔船和 8.82 千瓦渔船 8 艘，共计 15 艘。当时的管理方式仍延续工分计酬管理和分配方式，日劳动记工分，以分计酬。到年底时，渔业大队将全年的纯收入减去按规定收缴的公积金、公益金，余额除以工分总数，得出每分工是多少钱（称分值），再按每个渔民挣的工分数乘以分值，就是一位渔民的全年收入。

在这种体制下，容易出现出工不出力的问题。为了调动渔民的生产积极性，克服干好干坏一个样的“拉大帮”现象，1981 年，獐岛村实行以船定产量，超产分成。

1982 年，实行承包责任制，以船定产量，超产归个人。

1984 年，随着农村经济体制改革的深入，獐岛村的集体渔船作价归户。北井子镇政府派工作组对原有的 15 条船进行评估，定出价格后，实行公开拍卖，一个渔民或几个渔民合伙投标购买。如果暂时交不出那么多钱，信用社现场给予贷款，逐年还贷。渔船作价归户后，调动了渔民的生产积极性，渔业收入有很大提高。

1986 年，由于远海海域资源变化大，加之出远海成本高，獐岛村养大船的普遍亏损，所以，渔民逐渐淘汰了大船，开始使用小船在近海作业。到 2005 年，獐岛村全是 8.82 千瓦以下的小船，船号为“辽东獐”1~120 号（其中有东港市水产管理部门允许獐岛批准的 20 艘）。全岛 120 艘渔船，每艘船划定 300 亩浅海，在各自划定的区域内作业。因为划定的浅海水产资源情况不一样，渔民分到的浅海，有的资源好收入就高，有的资源差收入就低。为避免收入差别过大，对浅海的划定，实行一年一抓阄。捕捞的水产品主要有虾爬子、东港梭子蟹、鲅鱼、鲈鱼、梭鱼、海螺等。2016 年，海上捕捞产量 2350 吨，产值 4600 万元。

停靠在岸边的渔船

海产鱼类

华鳐 地方名：老板鱼、劳子鱼、华子鱼。鳐形目、鳐科、鳐属。体盘前部近似斜方形，后部略圆，前缘有波曲。头稍长，吻尖突，体光滑，尾背部有1行结刺。尾鳍不发达，下叶退化。体背暗褐色，并有许多大大小小不一的淡黄色圆斑。腹部色浅，具有许多黑色斑点，黑斑点中央有黏液孔。为底栖鱼类。以小型鱼类及虾、蟹类为食。

孔鳐 地方名：老板 、劳子、洋鱼。鳐形目、鳐科、鳐属。体前缘波曲，后缘广圆。体盘前缘有许多小刺或钩刺。尾背面有3行或5行结刺。背面褐色，有时带赤色，腹面淡白色。腹面中部两侧有群黏液孔。昼潜伏，夜觅食。温水性浅海底层鱼类。底拖网作业经常捕到。20世纪80年代以后产量减少。

赤魟 地方名：洋鱼、滑子鱼。鲼形目、魟科、魟属。背部赤褐色，无结刺。腹面边缘区呈橙黄色。尾背部有1~2个毒刺，有剧毒。温水性浅海底层大型鱼类。体重可至15千克。20世纪80年代以后少见。

斑点莎脑鱼 地方名：沙丁鱼、沙里钻、远东拟沙丁鱼。鲱形目、鲱科、莎脑鱼属。体长稍侧扁，呈梭形。头侧扁，吻稍尖而长。体被薄圆鳞，无侧线。体背缘青绿色，上侧面稍淡，并有一行黑色圆点。下侧面和腹面银白色。背鳍、胸鳍和尾鳍浅灰色，臀鳍和腹鳍银灰色。系温水性中上层鱼类，一般2龄即成熟，5—6月产卵。浮游生物食性。

寿南小沙丁 地方名：青鳞鱼、青皮子、青鳞、柳叶鱼、青皮鱼。鲱形目、鲱科、莎脑鱼属。体侧扁而长，腹部棱鳞锐利，背部青绿色，腹部银白色。温水性中上层小型鱼类。春季鱼群自黄海中部越冬场向北生殖洄游。20世纪80年代后少有产量。

鳓 地方名：鲙鱼、白鳞鱼、火鳞鱼。鲱形目、鲱科、鳓属，属温水洄游性中上层鱼类。体形侧扁，腹部有锯齿状棱鳞，腹鳍很小，背部灰黄色，腹部白色。2年性成熟。浮游动物食性。6—7月游至近岸产卵，产卵后分散于上层索饵。渔民以鲅鱼流网兼捕，20世纪80年代以后产量不多。

鳀 地方名：鳀鱼、离水烂、青天烂。鲱形目、鳀科、鳀属。体细长，近圆筒形。体背薄圆鳞，极易脱落，无侧线，无棱鳞，尾鳍叉形。腹圆钝，体背部蓝黑色，腹白色。属冷温性中上层小型鱼类，浮游生物食性。生殖期在5—7月。辽宁主要产卵场位于大洋河口到海洋岛一带水域。鳀不游近岸。5—7月为捕捞盛期。20世纪80年代之前，春季亮网生产经常出现鱼数量过多，往外蹦的情况，导致渔网兜不住，俗称“套湾”。

鲻 地方名：白眼梭、白眼、青眼鲮、头鲻。鲻形目、鲻科、鲻属。前部近圆筒形，后部稍侧扁。口小，脂眼睑发达。体侧和体背青灰色，腹部灰白色，各鳍浅灰色。尾鳍叉形栖息于浅海或河口咸淡水交汇处。性活泼，常跳跃，杂食性。

中国花鲈 地方名：鲈、鲈鱼、真鲈、青鲈、花寨、幼鱼称鲈渣子。鲈形目、花鲈属。体背暗绿色，腹部白色。体侧和背鳍鳍棘部有许多黑色斑点。系温水性近海广盐性鱼类，喜栖于咸淡水的河口处，亦进入淡水生活。性凶猛，肉食性。3~4 龄性成熟。产卵期黄渤海区一般在 9—11 月份。4—6 月份也有产卵群体产卵。沿海鸭绿江口、洋河口附近有分布。20 世纪 70 年代以后，零星见到。

黄姑鱼 地方名：铜罗鱼。鲈形目、石首鱼科、黄姑鱼属。背橙灰色，腹银白色，体侧具许多灰褐色波状条纹，斜向前下方。生长快，三龄鱼最大个体长能达到 450 毫米，体重 1600 克左右。温暖性近海中、下层鱼类。具有发声能力，生殖期叫声很大。有明显的季节洄游规律，越冬场在东海北部，春季向沿岸作生殖时洄游，5—7 月产卵。鸭绿江口、大洋河口属主要产卵场，6 月为产卵盛期。成鱼主要食料为小型鱼类、虾类和双壳类；幼鱼主要摄食小型虾类、幼鱼和多毛类。

黑鳃梅童鱼 地方名：大头宝。鲈形目、石首鱼科、梅童鱼属。黑鳃梅童鱼与棘头梅童鱼是相近种，且相互混栖，但个体较小，鳃腔上部深黑色。黄海和渤海均产，产量不多。

鲐 地方名：鲐鱼、鲐巴鱼、鲭。鲈形目、鲭科、鲐属。体粗短，纺锤形。体背蓝绿色，有深绿色斜条纹，腹白色。属暖温大洋性中上层鱼类。春季洄游至黄、渤海的鲐鱼，主要来之东海中南部至钓鱼岛北部和日本九州岛西部外海两个越冬场。产卵期为 5 月中上旬至 7 月上旬。以端足类、磷虾、头足类、多毛类和鱼类为食。

牙鲆 地方名：牙偏、偏口。蝶形目、牙鲆科、牙鲆属。两眼位头左侧，有眼侧黄褐色，有深褐色斑点。常侧卧潜伏于泥沙中，温水性近海底层鱼类。随着季节做短距离洄游，5—7 月间产卵。牙鲆是丹东沿海渔民捕捞的经济鱼类之一，20 世纪 70 年代以后减少。

捕捞网具

拖网 拖网属过滤性运动渔具。按作业船数可分为单船和双船拖网，按作业水层又可分为表、中、底层拖网。

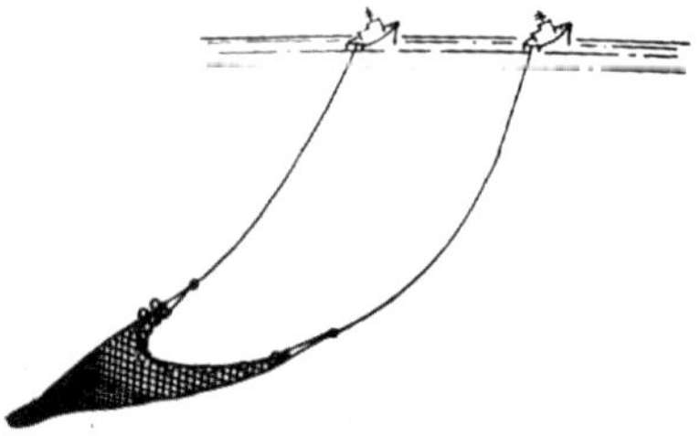
底拖网

拖网主要由网身、网翼、网囊和浮子纲、沉子纲、曳纲及球形浮子、滚轮等属具组成。

浮拖网具以捕捞中层鱼类为主，底拖网具以捕捞底层鱼类和海螺为主。除国家规定的休渔期外，其他时间渔民都可以使用浮拖网具在海上作业。

扒拉网　扒拉网又称扒网，属拖网类渔具。按网具结构可分为桁杆和框架式扒拉网两种。有些框架式扒拉网的网口下沿焊有形似耙子的铁齿，故又称耙子网。

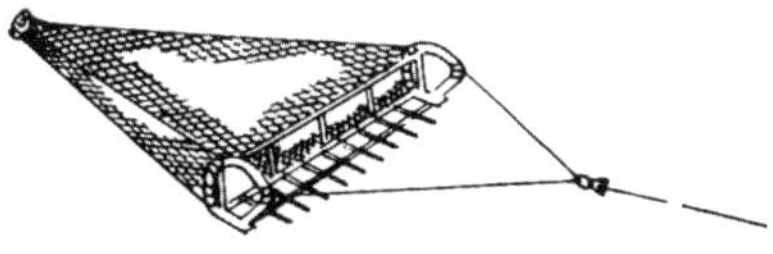

扒拉网

桁杆式网具主要由网身和沉子纲、叉纲、曳纲、弓绳及桁杆、沉子等属具组成。

框架式网具主要由网衣和叉纲、曳纲及金属制成的网架等属具组成。

扒拉网以捕捞底层鱼虾和贝类为主。每年的春季到休渔期、休渔期结束到结冰，渔民都可以使用扒拉网在海上作业。

樯张网　樯张网属樯张式木桩型定置张网类渔具。按作业水深可分为大樯张网和小樯张网两种。

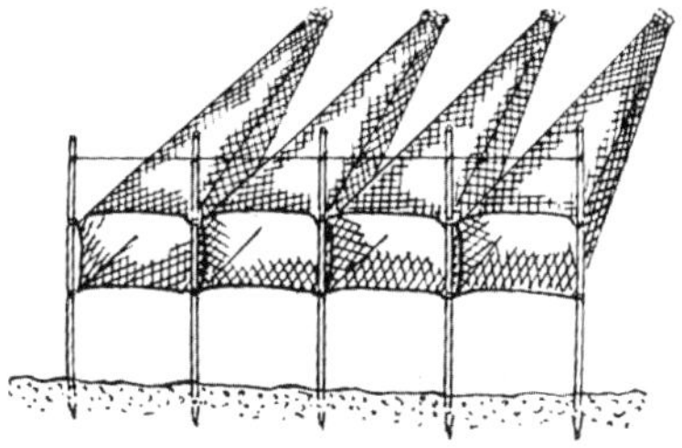

樯张网

樯张网主要由网身、网囊和网口纲、过口绳及樯杆等属具组成。

从每年的农历二月开始使用樯张网，只能使用两个多月。主要捕捞蠓虾等小的鱼虾类。

蠓子网　蠓子网又称乌虾网、磷虾网、流布袋网。是一种小型樯张网，属樯张式木桩型定置张网类渔具。

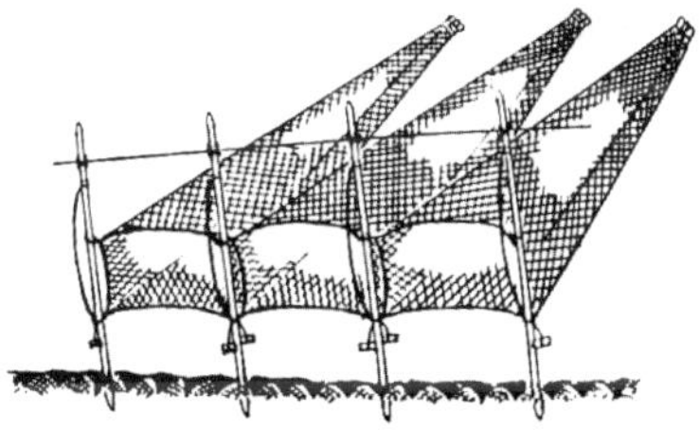

蠓子网

蠓子网主要由网身、网囊和网口纲、网耳绳、拉网绳、连杆绳、网筋及樯杆、沉石等属具组成。

蠓子网是捕捞蠓子虾的专用网具，开春化冻海冰消失后（一般在农历二月），渔民就可以在海上用蠓子网作业，捕捞蠓子虾。

青虾倒帘网　青虾倒帘网属定置张网类渔具。有双锚式竖杆型和插杆式两种。

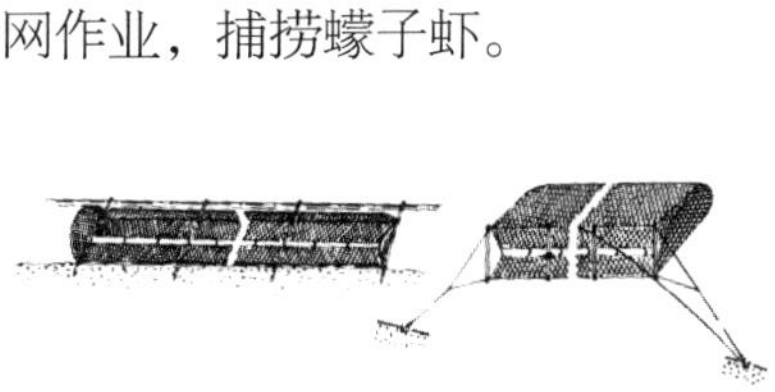

青虾倒帘网

青虾倒帘网主要由网衣和上下纲、串帘绳、倒帘吊绳等组成。双锚式和插杆式分别另备有锚根绳、锚顶绳、撑杆、铁锚和若干插杆等属具。

每年春秋两季（休渔期除外）渔民用青虾倒帘网捕捞青虾和胖头鱼。

须龙网 须龙网又称六袋网，属插网类渔具。

须龙网主要由墙网、圈网、袖子、内导网、倒须、咀牙子和墙网纲、圈网纲、内导网纲、当头纲、浮子纲、沉子纲、上下缘纲，以及各种浮子、大小铁锚、竹圈、沉石等属具组成。

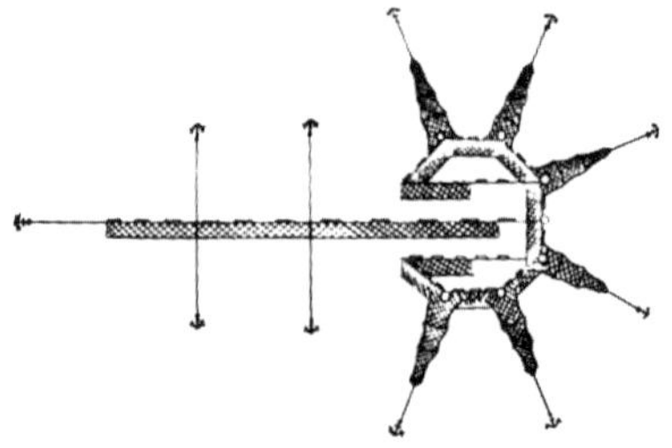

须龙网

须龙网除在禁渔期和冬季不能使用外，其他时间都可以使用。主要捕捞虾爬子、梭子蟹、鲈鱼等水产品。

簗网 簗网属插网类渔具。因为网的形状像小燕尾巴，故渔民又称小燕网。

簗网主要由墙网、圈网、袋网和上下纲、缝线、袋尾绳及木杆、木桩、标杆等属具组成。

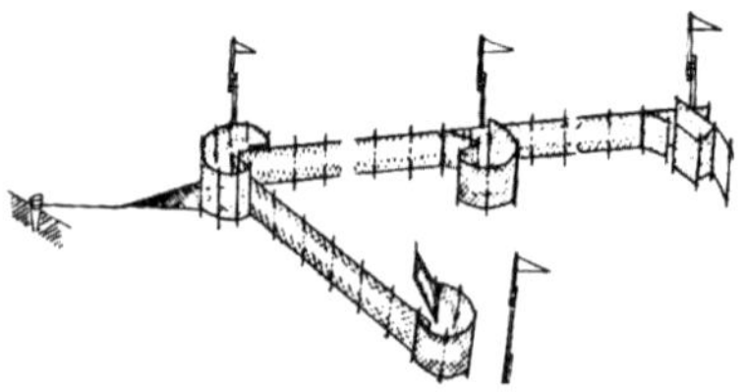

簗网

簗网除禁渔期不能使用，每年的春秋季节都可以使用。主要捕捞梭鱼、鲈鱼、梭子蟹、虾爬子等中、底层海产品。

◉ 海产养殖

滩涂养殖 新中国成立前，獐岛四周的滩涂无人管理，渔民可以随便到滩上扒蚬子、捡泥螺。新中国成立后，安东县（东沟县）县政府对滩涂实行统一管理，核发滩涂使用执照。由于当时的滩涂野生贝类不多，加之没有认识到滩涂贝类能发展成为产业，所以不管是獐岛渔业生产合作社时期，还是獐岛渔业大队时期，都没有统一管理滩涂，更没有资金投入和苗种投放，渔民仍可以随便到滩上扒蚬子。20 世纪 60 年代初，国家遇到自然灾害，粮食供给不足，渔民吃不饱饭。此时，滩涂上已经多年少见的沙蚬子（杂色蛤）多了起来，渔民靠吃沙蚬子填饱肚子，渡过了难关。1962 年，滩涂开始由獐岛渔业大队集体管理。

1978 年以后，养贝滩涂实行分户承包，一些渔民急功近利，存在酷捕滥采现象，滩涂贝类贮存量逐年减少。1987 年，按北井子镇党委、政府要求，滩涂分户承包改为作股集体经营。1988 年，獐岛村学习外地经验，改变滩涂自然繁殖贝类的生产习惯，和丹东市水产供销公司联营，开始从福建引进杂色蛤苗种，进行人工养殖。滩涂贝类有了高产

退潮的滩涂

出、高收入。1994 年，由于大量投苗，加之当年没有发生自然灾害，獐岛村的贝类产量达到历史最高水平。2000 年，獐岛村滩涂发生赤潮，三天内，滩上的蚬子全部死光，满滩全是蚬子皮，损失几千万元。根据獐岛村的财力，一时难以恢复滩涂贝类生产。经村领导班子集体研究，决定将獐岛东滩对外承包，当年承包费收入 180 万元。滩涂对外承包后，承包者加强管理，合理采捕，使受灾害的滩涂逐渐恢复生产能力。

2016 年，獐岛村有国家划拨的滩涂 6000 亩，养殖杂色蛤、蛏蛏等水产品，滩涂养殖产值 600 万元。

浅海养殖 20 世纪 90 年代，獐岛村近海渔业资源枯竭，渔民靠捕捞只能过上温饱生活，靠 6000 亩滩涂也富不了獐岛。獐岛村干部认识到要想富，必须发展浅海养殖。但是，1998 年以前，獐岛附近的浅海被外地人承包，本村渔民无法开展浅海养殖。村领导班子集中渔民意见，多次向东港市政府、丹东市政府反映情况，并给省领导写信，要求将獐岛附近的浅海划拨给獐岛使用。獐岛村的合理诉求最终得到了省政府的支持。2005 年，丹东市政府、

渔民浅海作业

东港市政府落实省政府的决定，先后给獐岛村划拨了 7.8 万亩浅海使用权。村里把其中 4 万亩滩涂和浅海承包出去，每年净得租金收入 600 万元。剩下的 3.8 万亩，村里多方筹集资金，在宜贝滩涂上重新建起集体所有的贝类养殖场。承包经营和集体经营双管齐下，使獐岛村的海产养殖产值越来越高，效益越来越好。到 2016 年，浅海养殖产值达到 6500 万元。

海产贝类

托氏螺 地方名：海钱。腹足纲、原始腹足目、马蹄螺科、蝟螺属。贝壳呈低圆锥形，螺壳 7 层。自壳顶体螺层侧面观形成一平整的斜面。壳面平滑而具光泽，通常为淡棕色，其上具有紫色或紫棕色细密的波状花纹，或红色火焰状条纹。壳内面银灰色。壳口近四方形。外唇简单，内唇厚面倾斜，且具小结节，螺底部平坦。

扁玉螺 地方名：香螺、肚脐菠萝。腹足纲、中腹足目、玉螺科、扁玉螺属。壳呈半球形，顶呈乳头状，紫褐色，基部白色，其余壳面淡黄褐色。螺层约 5 层。壳面膨胀，生长纹细密。壳口卵圆形。脐大而深，部分被脐结节遮盖。

香螺

脉红螺 地方名：海螺、菠萝、红螺。腹足纲、新腹足目、骨螺科、红螺属。螺层约 6 层，缝合线较浅。螺旋部稍高起。各螺层的中部和螺层的上部有 1 条形成肩角的螺肋。肩角将螺层分为上下两个部分，在尖上有角状突起。壳面黄褐色，具有棕色或紫棕色斑点。生活于沿海潮下带细砂或泥沙海底浅水中，雌雄异体。捕食双壳软体动物。产卵期 5—8 月。丹东脉红螺具有独特的壳体生物学特征：壳内面为杏红色，有珍珠光泽，肉肥味美。分布于鸭绿江口至鹿岛东南海域。脉红螺是丹东重要的水生动物资源之一，是渔民主要捕捞品种。20 世纪 70 年代以后，资源量不断减少。

西格织纹螺 地方名：海锥。腹足纲、新腹足目、织纹螺科。螺层约 10 层，缝合线较深。螺层呈阶梯状，壳面有较发达的纵肋和细弱的螺旋纹。在缝合线的下方有一条较深的螺旋沟，把纵肋上端划成 1 列结节状突起。壳表黄白色杂有褐色斑，在螺体层上有 3 条褐色色带。壳口具明显的肋纹，内唇

海锥

贴于壳轴上。生活在数米或10米水深的砂质或泥沙质海底。

近江牡蛎 地方名：海蛎子，俗称蚝。瓣鳃纲、牡蛎目、牡蛎科、牡蛎属。贝壳大，一般多呈圆形、长卵形或三角形。右壳略扁平，较左壳小。表面环生薄而平的鳞片。左壳较右壳更厚大，壳内面白色，边缘为灰紫色。一般栖息于低潮线以下至7米的半咸水海区，以左壳固着生活。

菲律宾蛤仔 地方名：蚬子、沙蚬子、黑蚬子、蛤子。瓣鳃纲、帘蛤目、帘蛤科、蛤仔属。贝壳呈卵圆形，小月面椭圆形或略呈棱形，背面呈棱形。贝壳前端边缘椭圆。贝壳表面灰黄色或深褐色。生活栖在潮间带下区至数米水深的沙、泥及泥沙质海区。丹东沿海菲律宾蛤子自然资源丰富，肉质鲜嫩，经济价值很大，是渔民主要捕捞对象。20世纪80年代末期后，资源量衰退，逐渐濒临枯竭。2000年开始引进新种，从福建省莆田等地移殖杂色蛤（花蛤）苗种进行人工养殖。

四角蛤蜊 地方名：白蚬子。瓣鳃纲、帘蛤目、蛤蜊科、蛤蜊属。贝壳呈四角形，两壳极膨胀。壳顶凸出，向内弯曲。壳表面具灰绿色或棕黄色壳皮。生长线明显，常有数条凹凸不平的同心环。壳内面白色，略具光泽。

白蚬子

中国蛤蜊 地方名：黄蚬子、凹陷蛤蜊、飞蛤。瓣鳃纲、帘蛤目、蛤蜊科、蛤蜊属。壳略呈椭圆形，壳面无放射肋，生长线明显，呈傲线形。表面光滑，顶部呈淡蓝色，腹部为黄褐色，并具放射状黄色带。外套痕明显，外套窦深而钝。埋栖生活，栖息于潮间带中下区及浅海的砂质海底。雌雄异体，繁殖季节通常在3—9月，盛季在3—4月。是丹东沿海的主要经济贝类之一，是具有本地特色的种类。

竹蛏 地方名：海蛏子、蛏子、大竹蛏。瓣鳃纲、真瓣鳃目、竹蛏科、竹蛏属。壳长72.5～96.5毫米。贝壳呈竹筒状，两端开壳质脆薄。壳表面凸，被黄褐色壳皮，具光泽。壳表面常有与生长线一致的肉红色彩带。壳内面白色或稍带紫色。分布广，埋栖于潮间带中、下区和浅海的泥沙滩。春夏之间繁殖。20世纪80年代以前丹东沿海自然资源量较多，20世纪90年代末开始人工养殖。

缢蛏 地方名：小人仙。瓣鳃纲、真瓣鳃目、竹蛏科、缢蛏属。贝壳长形，背腹缘近于平行，前、后端园。壳顶位于背缘，略靠前。外韧带，生长线明显。壳面被1层黄绿色的外皮，壳内面白色。埋栖型贝类。生活于软泥中，成蛏生活于潮间带中区和上区。

小人仙

◉ 加工

传统加工 獐岛村渔民有加工海产品的传统。渔民把捕捞的蠓虾洗净后装到坛子或缸里，加入适量食盐，再将坛子或缸口封好，在太阳下晒若干天，让蠓虾发酵，即做成蠓虾酱。渔民将胖头鱼、板鱼等洗净，去掉内脏，加适量食盐，腌渍一定时间后，在太阳下晒干，即做成咸胖头鱼干、咸板鱼干等。渔民把青虾洗净，加入适量食盐，腌渍后在太阳下晒干，即做成虾干。如果把虾干皮去掉，就是海米。加工后的海米，色泽淡红或粉白，肉质丰满，耐储藏。

渔民家自晒鱼干

代加工 东港市有海产品加工企业100多家，年加工能力30多万吨。捕捞旺季时，不仅海产品量大，而且价格比较便宜，獐岛村的渔民就将捕捞的海产品送到海产品加工厂加工冷冻贮藏，待海产品淡季再拿出来贩卖或自食。

加工企业 1988年5月，丹东市水产公司、北井子镇政府、獐岛村三家联合成立獐岛联营公司。獐岛村提供5000亩滩涂开发贝类，提供场地建冷冻厂。丹东市水产公司陆续投资100多万元。1989年，由于生产贝类原料不足，冷冻厂处于半停产状态。1995年年底，由于经营亏损，獐岛冷冻厂停产关闭。

◉ 销售

自产自销 新中国成立后，獐岛渔民捕捞的海产品，都是自产自销。1953年，随着粮食统购统销政策的制定和实行，海产品也开始实行统购统销。直到1978年改革开放前，獐岛渔民捕捞的海产品，都不准自产自销，而是由国家统购统销。改革开放后，海产品销售市场放开，獐岛渔民捕捞的海产品可以自产自销。自产自销的形式有两种：一部分卖给岛内宾馆、饭店，为游客提供新鲜的海产品；另一部分在獐岛村设立的早市上卖给游客，销售价格随行就市。

代购代销 獐岛附近海域有多条海产品收购船，渔民将捕捞的海产品在海上直接卖给海产品收购船，再由收购船运到陆地，销售给海产品加工企业，或批发给超市，再销售给市民。

獐岛海鲜早市

岛外展销 为了拓展市场，獐岛村多次参加辽宁省水产品展销会，参加东港市举办的海鲜节，在展会上布展各种各样的岛上海产品及相应的产品介绍。这不仅扩大了獐岛水产品的知名度，还拓展了销路，海产品近销沈阳、大连、北京、天津等城市，远销到欧洲地区和日本、韩国等国家。

獐岛村参加辽宁省水产品展销会

风情风物

獐岛村地处北黄海之中，特殊的地理位置决定渔民的生产、生活离不开海，因而逐渐培育生成并长期传承着与海相关的风情习俗。妈祖文化在渔村中世代相传，形成浓厚的崇尚妈祖的习俗。渔民根据时令在海上作业，代代传承，形成渔业生产习俗。渔民在海岛上生活，长期积累下来，形成与陆地有所不同的海岛生活习俗。獐岛的岁时节令、游娱习俗，有的和陆地相同，有的有很大区别。獐岛有在海岛生产、生活产生的方言俗语，充满乡情和哲理。这些风情习俗，与时代合拍的得到继续传承，并有创新；落伍的，逐渐消失。

獐岛村远离陆地，海域无污染，水质优良，浮游生物丰富，因而这里盛产的海鲜很受食客的喜欢。在众多的海产品中，最为有名的当属对虾、黄蚬子、海蛎子、梭子蟹、虾蛄、蚰蜒、杂色蛤、鲈鱼，被称为“獐岛八鲜”。其中，梭子蟹、黄蚬子、杂色蛤三大品种被国家工商总局商标局核准注册为“国家地理标志证明商标”。獐岛有时令海鲜、海鲜干品、海鲜酱品等土特产品，游客赏尽了美景，尝遍了海鲜，还可以选购一些土特产带回家，与亲人朋友共享獐岛海鲜特有的风味。

◉ 妈祖信仰

妈祖（海神娘娘）庙　獐岛妈祖庙始建于明万历年间（1573—1620）。

獐岛妈祖庙原庙址在獐岛村中山组（后口组），即村委会东侧原獐岛小学旧址，有草堂 3 间。后经历代修缮，至 1945 年伪满洲国倒台之前，庙宇虽然仍为 3 间，但庙貌已从当初的泥砌草堂改建成青砖灰瓦结构。獐岛妈祖庙的建筑格局坐北朝南，呈子午向。庙宇屋脊上饰有一个宝葫芦，宝葫芦两侧有两个小人用铁链牵扯。相传这两个小人是姜太公的两个小舅子，姜太公封神时特意将他们封到屋脊上，当地老百姓称作“干挣”。庙宇屋脊的屋檐角上还雕饰着被当地人称作“五脊六兽”的兽形砖雕。五脊指庙宇的大脊（正脊）和四条垂脊。屋脊上的“六兽”，最前面的叫走投无路，第二个叫跟腚帮咬，第三个叫犀牛望月，第四个叫海马朝云，第五个叫添油拨灯，最后一个叫赶尽杀绝。相传，因为他们不务正业，好吃懒做，浑水摸鱼，拨弄是非，世间无处收留他们，只好让他们在屋脊上栖身。妈祖庙的房屋跨度近 6 米，长度 10 米，建筑面积约 60 平方米。庙宇 3 间大殿的中间一间为妈祖庙正殿，正殿的神坛上供奉着妈祖的坐像。坐像两侧是手持灯笼陪护的金童

獐岛妈祖庙

玉女。正殿西侧是财神殿，东侧是龙王殿，神殿之间用幔帐隔开。另外，妈祖大殿的房梁上还悬挂 3 个木质帆船模型，是当地船家还愿送给庙里的供品。庙里有站姿的“千里眼”“顺风耳”神像，还有“赶鱼郎”“四不全”“喉老爷”等雕塑。庙门外侧树立一通高约 1.5 米、宽约 0.5 米的青石质石碑，碑上刻有赞颂妈祖功德及建庙捐助人名字的碑记。另一侧木架上悬挂着一口直径约一米的铁质大钟。妈祖庙四周建有占地 100 余平方米的正方形围墙，围墙由石块垒砌，顶部用青砖封顶。院墙南面和西面各有一个供香客和游人进出的门楼，其中南面门楼的两扇门板对开，属庙院的正门，西边的大门为庙院侧门。正门外的两侧各耸立一根 10 余米高的旗杆，旗杆上挑着黄色条旗，条旗上分别写着“天后圣母”和“海不扬波”大字。大约在 1945 年前后，獐岛妈祖庙曾被翻修过一次，翻修时把房脊上的“干挣”拿掉了，换上了一些别的图腾或装饰，屋顶上的灰瓦也换成了红瓦。

1965 年夏，在派驻獐岛的一名工作队成员的发动下，一些人将獐岛妈祖庙拆除。古庙遗址仅存一棵近百年的大柳树和一棵山枣树。

改革开放后，獐岛村民要求复建妈祖庙。1999 年 7 月 21 日，农历六月初九，獐岛村领导班子顺应民意，在孤山雕塑一尊花岗岩质的妈祖像。虽然村里有复建妈祖庙的计划，但是当时还没有实施，所以把妈祖神像请到獐岛后，暂时安座在滨海广场西侧的南山头上，并在獐岛村举行隆重的安座仪式。2003 年夏，由信士李明辉、李明峰兄弟会同獐岛村渔民捐资 60 余万元，在獐岛村滨海广场西侧的南山头复建獐岛妈祖庙。复建的獐岛妈祖庙占地 600 余平方米，建筑面积近 200 平方米。妈祖庙建筑格局参照旧制，安座在南山头的妈祖像被请进庙宇三间正殿的正中，一身金光，慈祥肃穆而坐。东侧为龙王殿，西侧为财神殿，正殿东西两侧分别站立护法神“千里眼”和“顺风耳”，各殿之间用幔帐相隔。正殿两边各建有一间耳房。门侧碑上刻有一诗：“仙獐搏浪涌，妈祖莅恩尊。寰海波涛静，慕名万里人”。

妈祖安座仪式

祭祀活动 1964 年以前，獐岛妈祖庙香火鼎盛，尤其是每年正月初一、十五以及农历三月二十三妈祖诞辰的庙会，岛内外前来上香还愿的信众络绎不绝。当日，由獐岛邻近的兴隆山妈祖庙的道人主持妈祖的祭祀活动。庙门外，有搭台唱大戏的，有杂耍卖狗皮膏药的，有买卖鱼虾海货和日常生活用品的，使得这个四面环海的小渔村热闹非凡。

獐岛妈祖庙香火旺盛

2003年8月，獐岛妈祖庙复建后，獐岛村渔民传承祭奠妈祖的习俗，每年的农历三月二十三，獐岛渔民都自发到妈祖庙上香烧纸，有的还摆供品。除獐岛渔民参加祭祀活动外，有些岛外的妈祖信众也乘船到獐岛，参加祭祀活动。这一天，獐岛妈祖庙人来人往，香火缭绕，鞭炮声震耳欲聋。2001年，根据獐岛潮汐变化，为方便信众进出獐岛，獐岛村里决定将农历五月二十九定为獐岛妈祖文化旅游节，并举办大型纪念活动，以弘扬妈祖文化，推动旅游业发展。獐岛妈祖文化旅游节期间，组织信众和游客到妈祖庙祭拜妈祖，举办妈祖文化图片展，举办大型文艺演出。

文化传承 妈祖在海上救难行善的传说，在獐岛一辈传一辈广为流传。2006年以来，獐岛村又采用壁画、雕塑等形式宣传“立德、行善、大爱”的妈祖文化，崇信妈祖、爱戴妈祖在獐岛形成风气。獐岛渔民以妈祖为榜样，在日常生产、生活中，传承妈祖精神，与人为善，多做好事，出现许多见义勇为、舍己救人、拾金不昧、助人为乐的感人事迹。1997年夏季的早上在海上作业的獐岛渔民看见在獐岛的王八坨子的北边，有一艘船发出一闪一闪的灯光，并且隐隐约约听见喊“救命”。该渔民马上驾驶小机动船向闪灯的方向驶去。靠近时，发现是一艘拖网船触到岛礁上了。大船已经漏水，他一边劝大家不要害怕，一边把大船上的船员一个一个地接到小船上，然后送到附近的一艘大渔船上。2007年夏季，獐岛旅游公司辽东客7号载着游客从獐岛内陆码头向岛外驶去。行驶途中，船员张忠生发现有一个人从客船掉进了海里。他连衣服都没脱，就跳到海里，将落水的人救上船。

王八坨子

渔民在滨海广场上整理捕蟹子的网具

渔民在划拨的浅海海域捕捞作业

◉ 生产习俗

祭拜海神 海神是獐岛渔民崇拜的偶像，渔民们相信她会保佑渔民的出海安全，会给他们带来更多的渔获物，所以从老辈渔民传承下来给海神过生日的习俗。每年正月十三，獐岛渔民到海边上香烧纸，有的还摆供品，并在心中默默祷念，祈求大海恩赐，保佑渔民多打鱼、保平安。

随季作业 开春海冰退去后，獐岛村的渔民按照季节调整捕捞网具从事渔业生产。在使用木帆船和机帆船时、桃花开时，渔民用挂鱼钩钓鲈鱼；谷雨时节，使用扒网捕捞鱼、虾、海螺；农历四月二十三前后，出海下蟹网捕捞梭子蟹。因为海域资源发生变化，1986 年后，獐岛村渔民逐渐淘汰大船，购置 8 千瓦以下的小型机动船，在划拨的浅海海域捕捞海产品。每条船配两名渔民，一人操纵发动机，一人负责下网、收网。每年阳历 3 月初，下蠓虾网和海锥网。清明节前后，下虾爬子（虾蛄）网捕捞虾爬子（虾蛄）。“五一”国际劳动节前后，下梭子蟹网。

伏季休渔 每年伏季，獐岛渔民为了保护渔业资源，有一段时间停止海上作业，2016 年，按黄渤海渔政局规定，从 6 月 1 日到 9 月 1 日为休渔期，獐岛渔民都自觉遵守。

◉ 生活习俗

吃 解放前，獐岛渔民生活没有保障，吃了上顿没有下顿。新中国成立后，獐岛渔民吃玉米面饼子，喝馇子粥，春节时才能吃上几顿大米干饭和白面馒头。改革开放以后，獐岛村民以大米、白面为主食，也喜吃玉米面做的大饼子、喝玉米馇子粥。獐岛村民还有随四时节令，到什么季节吃什么食物的习俗。腊八喝腊八粥，春节吃年糕、饺子，元宵节吃元宵，农历二月二吃猪头，端午节吃粽子、鸡蛋，夏至吃面条，冬至吃饺子。

獐岛渔民喜食海鲜，有“生吃蟹子活吃虾”的习惯。新鲜海产品的吃法有：腌海鲜（最好是活的），将大蟹子、海虾、虾爬子、蚬子洗干净，放到加入食盐、大料、姜等调料、煮好的凉开水内，浸泡几个小时后即可食用；拌海蜇，将新鲜海蜇洗净后切成条，将葱、姜、蒜、香菜切碎拌入，加少许醋和白糖，用精盐调到口味合适时即可食用；腌泥螺（泥溜子），将泥溜子用一定量的食盐腌制后，可当时吃，也可封存到冬季食用；腌虾酱，将蠓虾加盐装到缸或是坛子里，封口后在太阳下晒，过几天上下搅动一次，发酵后，即可食用；生吃海蛎子，将海蛎子肉从壳里抠出直接食用。

穿 旧时，獐岛渔民穿的是土布衣服，大多时补丁打补丁。解放后，随着经济的好转，渔民们的穿着渐渐改善。但一般只有过春节才能穿上一套新衣服。村民要凭布票买布，发的布票一般不够用，只好新三年、旧三年、缝缝补补又三年。渔民的衣着颜色以蓝、黑、灰为主。改革开放后，渔民的穿戴与城里人从有差别，到缩小差别，再到无差别，呈现出时尚化、个性化、多样化的特点。渔民下海作业时，有的穿胶皮衩裤、高腰水鞋。

渔民穿着胶皮衩裤下海捕鱼归来

岛上人家

住 旧时，獐岛渔民住房十分简陋。1978 年时，獐岛渔民居住的是起脊的草房、瓦房。獐岛建房有规矩，同一排房屋不能超前（抢前），中间的房屋不能高于或低于两边的房屋。改革开放后，不少渔民家建起楼房，兼有自家居住与客栈酒店的双重功能。

獐岛村建房，均须按统一规划，由城乡建设部门批准。开工之日，建房者设宴招待工匠师傅，请亲朋作陪，俗称“开工酒”。上梁之日，在梁上贴“福”字、“喜”字或“上梁大吉”条幅，拴红布和铜钱。上梁时，鸣放鞭炮，从房上往下抛小馒头、硬币、喜糖，以示祝贺。中午宴请工匠师傅和亲朋好友，俗称“上梁酒”。如果建的是平房或楼房，无梁可上，工匠师傅便把上房架和楼房封底视为上梁。乔迁新居时，亲朋好友到场持礼物或是礼钱祝贺，俗称“温锅”。

行 1999 年 6 月前，春夏秋季渔民进出岛，可搭乘进出岛的渔船。到冬季，木质渔船无法破冰出海，出岛要等退潮露出滩面后，徒步从滩面走到椅圈镇的兴隆山，獐岛渔民称“走旱路”。1999 年，獐岛村购买钢壳船，结束了冬天村民出岛“走旱路”的历史，渔民进出岛免费乘坐客船。因为岛内坡路多、弯路多，岛内居民很少有骑自行车的。岛内禁止骑摩托车和电动车。

婚 新中国成立前后，獐岛村新郎接新娘时用轿子抬。新娘和媒人坐一辆轿子，新郎坐一辆轿子，雇吹鼓手吹吹打打。新娘进新郎家门时要迈火盆，象征以后日子红红火火；要踩斧子，象征以后生活美满幸福。新婚当天，男方要设宴庆贺，尽最大努力把宴席办得丰盛。傍晚，新郎的好友要到新郎家“闹洞房”。“文化大革命”后，新郎和新娘结婚不再用轿子抬了，新郎徒步到新娘家接新娘。新郎家“移风易俗”，不设宴招待客人。改革开放后，渔民富了，新郎和新娘结婚，一般在岛内摆酒席，宴请宾客，有的还在岛外大饭店或宾馆举办婚礼，仪式隆重。

20 世纪末新郎迎亲，走在沙滩上

寿辰　老年人过生日为“寿辰”。其中 60 岁生日为“大寿”，要宴请亲朋好友，以示祝贺。过 66 岁生日时，已出嫁的女儿送给过生日的老人 66 个白面做的小寿桃，祝其健康长寿。逢老人 73、84 岁生日时，恭贺的场面更为隆重。

葬　根据海岛的特殊地理位置，国家对海岛渔村不实行火葬政策，允许獐岛村民逝世后实行土葬。人在弥留之际穿好寿衣，有条件的要将其抬到外屋搭好的木板上。死后，脸蒙烧纸，灵前摆供品，到土地庙“报庙”。3 天后下葬，葬后 3 日“圆坟”。之后，每 7 天去坟前烧纸设祭 1 次，连续 7 次，称“烧七”。再后，“烧百日”“烧周年”。每逢清明节、农历七月十五、十月初一，亲友都去坟前祭扫致哀。

◉ 岁时节令

除夕祭祀　每年农历三十晚上子时“发大纸”[①]前，渔民要先到海神娘娘庙拜祭，上香、烧纸，再到自己家的船边上香。回家后，再拜祭祖先，发大纸，然后吃“发纸”饺子。

正月十三海神生日　每年海神生日这一天清晨，渔民到大海边，面朝东方，放鞭炮，焚香纸，有的还摆上猪头祭祀海神，感谢海神的恩赐和保佑。

正月十五送灯　每年正月十五傍晚，渔民除了到自家祖坟送灯外，还到海神娘娘庙和自家船上送灯。祈求先祖、海神娘娘的保佑。灯，寓意黑夜行船有灯照明，不迷失方向。

三月二十三妈祖庙会　农历三月二十三，是獐岛妈祖庙会。“文化大革命”以前，

① 全家在摆设的供桌前跪拜烧香、烧纸，因时间长称“发大纸”。

庙会期间，渔民祭拜妈祖，还有岛外人唱戏、杂耍，有外地商贩到岛上卖东西。有时，兴隆山庙还派道士参加庙会活动。改革开放后，每年农历三月二十三，渔民传承祭奠妈祖的文化习俗，自发到妈祖庙上香烧纸，也有人送饽饽（馒头）、猪头祭祀妈祖。2001 年，獐岛村将农历五月二十九定为獐岛妈祖文化旅游节，借以弘扬妈祖文化，推动獐岛旅游业发展。

2008 年 6 月 28 日第二届獐岛妈祖文化旅游节开幕式

◉ 游艺　习俗

渔家秧歌　人民公社化后至 2012 年间，每年春节期间，獐岛村（大队）都组织秧歌队。有老汉推小车、孙悟空舞金箍棒、猪八戒背媳妇、跑旱船、鱼鳖虾蟹戏斗等表演，村民围着观看。有的人在一个地方没看够，就跟着秧歌队走，直到散场才回家。2012 年以后，扭秧歌和广场舞融合，成为獐岛村民基本活动方式。

獐岛村秧歌队

村民的业余文化生活

篝火晚会

广场舞 2010 年以后，獐岛村渔民像城里人一样，跳起广场舞。晚饭后，獐岛村男女老幼不约而同地集聚到海滨广场，在优美的乐曲伴奏下翩翩起舞。广场舞成为海岛渔民健身娱乐的重要方式。

篝火晚会 从 20 世纪 90 年代起，随着旅游业的发展，每逢旅游旺季，夜幕降临，根据游客要求，岛上的宾馆和酒家不定期为旅客举办篝火晚会。游客和渔民围着篝火载歌载舞，其乐融融。

棋牌游戏 夏季休渔和冬季停止渔业作业期间，獐岛村民喜欢聚在一起打扑克、麻将，下象棋、跳棋、军棋。尤其是春节期间，亲朋好友互相走访问候时，常常会摆上麻将桌，高高兴兴地打上“几圈”。

◉ 方言 俗语

渔家方言 獐岛渔家方言同东港市一样，是闯关东移民文化的产物，獐岛方言属于胶辽官话大连、丹东片区。声母方面特点是，缺少“r”；部分声母是 zh\ch\sh 的字读成声母是 j\q\x 的字；平翘舌不分，极少翘舌音。韵母方面特点是，没有“o”，普通话中的单韵母“o”，跟“b、p、m”相拼，构成“bo、po、mo”三个音节，却读成“be、pe、me”；没有“li”音字，“li”音字全部都读成“lei”音；部分音节缺介音“u”，把有介音“u”的字读成没有介音“u”的字。声调方面特点是：调类不全，缺第二声，只有一、三、四 3 个声调；调值不准，阴平、上声、去声与普通话声调的调值有差异。獐岛村民祖祖辈辈生活在海岛上，在生产、生活中形成一些带有“海蛎子味”的方言。

方言交流

獐岛渔家方言读音释义表

表 2

渔家方言	方言发音	普通话发音	释义
巴梢鱼	Bà sāo yū	Bà shāo yú	乌贼
半潮子	Bàn cào zī	Bàn cháo zǐ	头脑简单、做事粗俗的人
包圆	Bāo yuàn	Bāo yuán	全买下了
扒蚬子	Bā xiǎn zī	Bā xiǎn zǐ	用工具在海滩上拾蚬子
摆浪	Bǎi làng	Bǎi làng	爱打扮的人
瘪样	Biě yàng	Biē yàng	窝囊受气
抄捞子	Cāo lào zī	Chāo láo zǐ	一种圆形手用网具
潮来的	Cào lāi de	Cháo lái de	不费劲、不花钱得到的
潮乎儿	cào hūr	cháo hūr	发傻
长脖老等	Càng bò lǎo děng	Cháng bó lǎo děng	一种水鸟，脖长腿长
嘟噜蟹子	dū lū xiè zī	dū lū xié zǐ	生长在河海交界的芦苇荡里的甲壳类动物
赶海	gǎn hǎi	gǎn hǎi	趁退潮时到海滩捡各种海产品
赶网了	gǎn wǎng lā	gǎn wǎng lē	东西让大伙分了
隔潮	Gě cào	Gě cháo	上一潮水的，喻不新鲜
海腚肝	hǎi dìng gān	hǎi dìng gān	海葵花儿
海海的	hǎi hǎi dè	hǎi hǎi dè	东西极多
海捞捞	hǎi lāo lāo	hǎi láo láo	一种海鸟，也叫水捞捞、穷等
海南家	Hǎi nān jiā	Hǎi nán jiā	泛指山东省

续表 2

渔家方言	方言发音	普通话发音	释义
海南人	Hǎi nān yīn	Hǎi nán rén	泛指山东人
海煞	hǎisà	hǎishà	带咸气的海雾
海猫子	hǎi māo zī	hǎi māozǐ	①海鸥；②经常赶海的人
海钱儿	hǎi qiànr	hǎi qiánr	生长在海滩的一种小海贝，每当退潮时会自动出来觅食
海锥儿	hǎi jūnr	hǎi zhuīr	生长在海滩的一种小海贝，长得像小锥子
鲫瓜子	jǐ guā zī	jí guā zǐ	鲫鱼
碱蓬子	jiǎn pèng zī	jiǎn péng zī	海滩地里长的一种植物
江波菜	jiāng bō cài	jiāng bō cài	海带
老雕	lǎo diāo	lǎo diāo	老鹰
芦刚草	Lǚ gàng cǎo	Lǚ gāng cǎo	长在水边的一种草，可以用来编制凉席
使唤船	Sǐ huàn cuàn	Shǐ huàn chuán	出海打鱼或从事海上运输的统称使唤船
晴天烂儿	qìng tiān lànr	qíngtiān lànr	海里的一种鳞状鱼，很难保鲜
满潮	Mǎn cào	Mǎn cháo	潮位最高
虾爬子	xiā pà zī	xiā pá zī	虾蛄，俗称蟑螂虾
虾糠	Xiā kāng	Xiā kāng	由虾皮制成的粉末状水产干品
虾皮蟹盖	xiā pì xiè gài	xiā pí xié gài	很不中用的人
虾米	Xiā mǐ	Xiā mǐ	指干品虾仁
蚬子干	Xiǎn zī gānr	Xiǎn zǐ gān	晒干的蚬子肉
蟹酱	Xiè jiàng	Xié jiàng	用剁烂的蟹子加盐发酵后做成的酱
咸泥溜子	Xiàn mī liū zī	Xián ní liū zī	腌制后的泥溜
稀巴烂贱	Xī bā làn jiàn	Xī bā làn jiàn	货物便宜
腥疵来歪	xīng cī lāi wāi	xīng cī lái wāi	腥味
腥腥嘴	Xīng xīng zuǐ	Xīngxīng zuǐ	吃点海鲜
巡小潮	xùn xiǎo cào	xùn xiǎo cháo	到定点设网处捡拾鱼虾
逊潮	Xùn cào	Xùn cháo	喻海货有臭味
咬钩	Yǎo gōu	Yǎo gōu	鱼上钩
夜个儿	Yè gèr	Yè gèr	昨天，昨夜
夜猫子	Yè māo zī	Yè māo zǐ	①猫头鹰；②比喻晚睡的人
夜下黑儿	Yè xià her	Yè xià heī	昨天晚上
鱼床子	Yū cuàng zī	Yú chuáng zǐ	卖鱼的小店铺
鱼冻	Yū dòng	Yú dòng	鱼熬汤，冷却后形成的固体物
鱼贩子	Yū fàn zī	Yú fàn zǐ	贩卖海鲜的商贩

渔家俗语

搭船的坐中舱。

捞捞（鹳的一种）越吃嘴越尖。

抓住船板就是命。

龟有姓，狗有名。

脚踩两只船。

大鱼奔深水。

王八咬人不撒嘴。

坐大船，划懒桨。

手插鱼筐避不得腥。

船不到岸，决不松桨。

蛟龙归大海。

船使八面风。

艄公多了打烂船。

泥鳅翻不起大浪。

用小虾米钓大鱼。

船到江心补漏迟。

不吃鱼，口不腥。

风浪里试舵手，困难中识英雄。

阴沟里翻船。

不得鱼也要得虾。

船靠码头车靠站。

手里无网看鱼跳。

靠山吃山，靠海吃海。

无风三尺浪。

开船便遇打头风。

一条船上的人。

把舵的不慌张，乘船的才稳当。

船破有帮，帮破有底。

挖个鱼眼当珠子用。

死水不藏龙。

船大好压浪。

无风不起浪。

船大难掉头。

船过水无痕。

水清不养鱼。

水高漫不过船去。

水浅养不住大鱼。

天下船载天下客。

初一打鱼，十五晒网。

渔家谚语

初五、二十正晌满，初六、二十一天亮到海底。

初八、二十三吃早饭吃夜饭，十二、十三正晌干。

初三水，十八汛。

七死八活就升水。

涨潮风，退潮雨。

早东夜西是好天气。

海猫子洗澡天要坏。

海猫子上山天要坏。

桃花开，鲈鱼来。

顶谷雨，杂货上岸。

迎春花开，大蟹子到来。

秋天天凉鱼渐走。

船走八面风，有风就能走。

船到码头自会直。

行船不怕顶风浪，走路不怕路不平。

有风方起浪，无潮水自平。

船正不怕浪大，脚正不怕鞋歪。

不怕巨浪高，就怕桨不齐。

船头坐得稳，不怕浪来颠。

顺风千里容易，逆风寸步难行。

养鱼不能让水干，养子不能任其性。

鲸吞鱼，鱼吞虾。

要想吃鱼勤下水。

无饵不能钓住鱼。

潮水有定人无定。

山里可以许愿一头猪，海里不能许愿一条鱼。

凡人不可貌相，海水不可斗量。

渔家歇后语

獐岛鸭子——海逛

海猫子——不知潮流

捞捞（鹳的一种）上滩——穷等

火鳞鱼摆供碗——上不了席

船到桥头——不顺也得顺

百川归海——大势所趋

沙滩上起楼——不稳

剖鱼得珠——喜出望外

刚出水的虾——活蹦乱跳

路中间的螃蟹——横行霸道

有尺水行尺船——量力而行

秤砣掉到大海里——福（浮）不起来

章鱼的肚子——有墨水

木船下水——见风使舵

老船工撑船——见风使舵

空手抓鱼——白捞

沙滩行船——进退两难

鱼虾遭天旱——活不下去

鱼吞香饵——不知有钩

一网打尽天下鱼——想得太美

下水船走不动——风头不对

◉ 渔家禁忌

生产禁忌 在木帆船和机帆船上，“帆”不能叫“帆”，要说“篷”；“帆”谐音同“翻”，说“帆”不吉利。

发现船有漏洞或漏水了，要说“好修了”，不能照直说“船漏了”。

不能说“把鱼篓扣过来”，要说“把鱼篓划过来”。说“扣”容易和船“翻”联系起来，不吉利。

在船上吃完饭后，碗不准扣着，不能将筷子横放在碗上。因为船在海上行驶要顺风

渔民妇女在码头整理网具

顺水，不能放横。不能将筷子横放在碗上，意思是不能让船打横。

船上的大柱（jǔ）子（缆桩）不能坐人。因为船的大柱子在船帮的两侧，坐在这里不安全。另外，大柱子有“主事”之意，坐在这里，有欺负船长之意。

给船指方向，不能用手指头指，要用拳头指，意寓尊重对方。

不能站在船头小便，寓意不能欺负船长。

在船上不能打口哨或吹哨子。早先，渔民出海没有通信器材，如果发现有人要到船上抢劫，只能打口哨或吹哨子，向附近作业的渔民求救，所以留下在船上不能打口哨或吹哨子的习俗。

生活禁忌 因为海兔子体积小，渔民见到个子矮的人，为避免个子矮的人误认为看不起他，不能说“你像个海兔子”。

平时或年节家里包饺子，包好的饺子在盖子上摆放，不能转圈摆，要一行一行地摆，寓意行船顺利，不打转转。

煮饺子的时候，如果不小心饺子煮碎了，不能说“碎了”，要说“挣了”，寓意家庭收入高，有钱花。饺子煮挣了，不管谁吃了，都不能说“挣的都叫我吃了”，更不能说“挣一个我吃了一个”，寓意要会挣钱也要会攒钱。

吃饺子时，蘸蒜酱，大蒜不能叫大蒜，应叫“yihuò 菜”。“大蒜”与“打算”是谐音，家里人不能互相计较得失。叫“yihuò 菜”，寓意家庭和睦。

过去家里的老人故去，孝子穿的鞋的前尖要缝一块白布，以表示孝敬。所以流传下来春节不能穿白鞋的习俗，否则不吉利。

◉ 獐岛八鲜

梭子蟹、黄蚬子、杂色蛤、对虾、牡蛎、虾蛄、蛤蛭、鲈鱼被称为獐岛八鲜。

梭子蟹 学名三疣梭子蟹，俗有螃蟹、飞蟹、肥蟹、大蟹子等称谓，是獐岛海鲜佳品之一。梭子蟹虽然分布于中国南北各海域，但是由于獐岛地处黄海最北端，属南温带湿润地区海洋性季风气候区，海水水质一直保持I类海水，浮游生物、浮游动物、底栖生物等海洋生物丰富，适合东港梭子蟹的生长条件，所以獐岛盛产梭子蟹。加之獐岛远离陆地，没有工业污染，獐岛梭子蟹达到国家无公害农产品的质量要求。獐岛梭子蟹通称东港梭子蟹。2011 年 5 月，东港梭子蟹被国家工商总局商标局核准注册为“国家地理标志证明商标”。

梭子蟹

獐岛近海特定的地理环境和特定的海域状况，使得所产的梭子蟹以体形硕大、色泽鲜润、营养丰富、口味鲜美的鲜明特征区别于其他海区生长的梭子蟹。

獐岛梭子蟹肉多，肉质细嫩，肉色洁白，螯足肉呈丝状，蟹黄色艳，食之别有风味。宴请高贵客人必上梭子蟹，外地客人和客商到獐岛如果没吃上梭子蟹会感到遗憾。梭子蟹除每年伏季休渔期和冬季结冰期外，其余时间都可以捕捞。每年的 4、5 月和 9、10 月为生产旺季。捕捞梭子蟹没有专用网具，常用游动网具和定置网具两大类捕捞，游动网具有拖网和刺网。对捕捞的梭子蟹，如果捕捞量比较大，就选择个体一致、肢体健全、无创伤、活动能力强的梭子蟹，用海水清洗后，再用橡皮筋将螯足扎紧，然后装桶、降温、充气，船靠岸后销售给客户。如果是当潮的活梭子蟹，渔船回港后，渔民就赶紧将其卖给岛上的宾馆，宾馆在暂养池（柜）暂养待售。死梭子蟹，或者在海上卖给海上的收购船，或者先用海水清洗，再按规格、雌雄分等，装入塑料筛（筐），然后按 10∶1 的比例加冰，装船舱贮藏回岛后销售。

梭子蟹有多种吃法，主要有清蒸梭子蟹、红烧梭子蟹、盐渍蟹子、炝拌梭子蟹、蟹米和蟹籽等。

清蒸梭子蟹 将梭子蟹用清水洗净，然后放进锅里蒸煮十几分钟后，即可上桌食用。拿起煮熟的梭子蟹，揭掉蟹子的肚脐，掀开蟹盖。如果是雌蟹子，黄红、浅红的蟹子黄就展现在眼前，特别诱人。然后去掉蟹子两侧的腮，将蟹子掰成两半，就露出白嫩的蟹子肉，鲜气扑鼻而来，美味诱人。

清蒸梭子蟹

红烧梭子蟹 将梭子蟹洗净，扒掉蟹子脐，解开蟹子盖，去掉蟹子两侧的腮，然后将蟹子切成块，加调料在锅里爆炒，一盘红烧梭子蟹就做成了。

盐渍蟹子 将梭子蟹洗净，放到有葱段、大料和适量食盐的凉开水中，盐渍 12 小时左右，即可食用。

炝拌梭子蟹 将梭子蟹洗净，扒掉蟹子脐，解开蟹子盖，去掉蟹子两侧的腮，然后将蟹子切成块，加食盐、葱、姜、蒜，也可加些辣椒酱，搅拌后待一段时间，即可食用。

炝拌梭子蟹

蟹米和蟹籽 蟹子米是用海蟹肉为原料，加工而成的熟干制品，独梭子蟹米为上品。先将海蟹煮熟，然后去壳取肉，将取出的蟹肉和蟹黄在太阳底下晾晒，至八成干时，便是好蟹米了。2005 年以后因为蟹子价格比较高，很少有人晒蟹米自食或销售了。蟹籽是用繁殖期的雌蟹（当地人称拉花蟹子）的籽，晒干后形成的颗粒状的水产干品。蟹米、蟹籽和葱花一拌，加点酱油，就是早点的一盘小菜，很开胃。

黄蚬子 学名中国蛤蜊，地方名叫黄蚬子，对外叫东港黄蚬子，是獐岛海鲜佳品之一。中国蛤蜊在中国海域分布较少，但是东港市东临鸭绿江口，西处大洋河口，潮间带中下区和浅海的沙泥质特别适合黄蚬子生存，是黄蚬子的主要生产区。獐岛附近海域水质一直保持 I 类海水，底质为砂泥底，完全符合大黄蚬生长条件。特别是由于鸭绿江和大洋河两大径流

黄蚬子

注入，海区营养盐类比其他海区高出几倍甚至几十倍，饵料生物资源十分丰富，致使獐岛盛产大黄蚬子。獐岛的大黄蚬体型大，贝壳色泽鲜黄，肉肥，口味鲜美，营养丰富。鲜明的生物学特征区别于其他海区生长的中国蛤蜊。2011 年 5 月，东港黄蚬子被国家工商总局商标局核准注册为“国家地理标志证明商标”。

大黄蚬肉富含蛋白质、多种维生素和钙、磷、铁、硒等人体所需要的营养物质，还含有微量的钴，对维持人体造血功能和恢复肝功能有较好效果。

黄蚬子是蛤类的明星，很多外地人到獐岛都喜欢吃大黄蚬子，凡吃过东港黄蚬子的人立刻成为它的粉丝，吃了一回还想吃第二回。有些游客是闻黄蚬子的大名而来的。在辽宁、吉林、黑龙江等地的酒店、烧烤店的菜谱里都有“东港大黄蚬子”，大黄蚬子成了招牌菜。

黄蚬子有多种吃法，主要有原汁黄蚬子、炝拌黄蚬子、炒黄蚬子、烹炸黄蚬子、涮烤黄蚬子等。

原汁黄蚬子　原汁黄蚬子做起来省时快捷。将吐净沙子的黄蚬子放进加入葱花、沸开水的锅内，只要黄蚬子壳一张开，就马上取出。如果取晚了，黄蚬子肉就不鲜嫩了。当锅里的黄蚬子都煮熟取出后，把煮蚬子的汤澄清，和煮熟的蚬子装到一个小盆或钵里，就可上桌食用了。原汁黄蚬子保持其原有风味，蚬肉鲜嫩可口，汤汁奶白，鲜味十足。

原汁黄蚬子

炝拌黄蚬子　把吐净沙后煮熟的黄蚬子肉，根据食客口味，适当加葱、蒜、辣椒油等调料，搅拌均匀，就可上桌食用了。

烹炸黄蚬子　将吐净沙后生开的黄蚬子肉，挂上一层薄薄的调制面糊，然后放到油锅炸熟，即可蘸孜然等调料食用，既鲜又香。

烹炸黄蚬子

炒黄蚬子　将吐净沙后带壳的生黄蚬子，放进有各种调料的锅里爆炒，待蚬子壳一张开，就出锅，一盘炒黄蚬子的地方菜就做成了。

涮烤黄蚬子　黄蚬子是吃火锅的好材料。将吐净沙后带壳的生黄蚬子放进火锅沸汤中，蚬子一张嘴就取出食用，既有原汁黄蚬子的味道，又有火锅特有的味道。獐岛每一个烧烤摊，几乎都有烤黄蚬子。将吐净沙后的生黄蚬子，放到烤箱的网上，网下红彤彤的炭火，瞬间将生黄蚬子烤张嘴，马上取出即可食用。黄蚬子的鲜味加上炭火的味道，很多食客十分喜欢。

杂色蛤

杂色蛤 学名菲律宾蛤仔，当地人又叫沙蚬子，是獐岛海鲜佳品之一。獐岛产的杂色蛤（习惯称东港杂色蛤）属帘蛤科。东港市是辽宁省杂色蛤的主要产区，主要分布在东港市境内的潮间带滩涂，地域保护范围东起鸭绿江入海口的江海分界线，西至与庄河分界点的丹坨子岛中心线。2011 年 5 月，东港杂色蛤被国家工商总局商标局核准注册为“国家地理标志证明商标”。

东港杂色蛤养殖滩涂位于北纬 39° 42′ ~ 39° 49′ 之间，是中国最高纬度贝类养殖区域，獐岛位于其中。海区丰富的营养类生物，造就了獐岛杂色蛤的品质都优于其他海域的同类品种。东港杂色蛤养殖水域主要指标达到养殖海域的海洋指标（质量）标准，符合《海水水质标准 GB3097-1997》，产品典型特性特征和产品质量达到《NY5288-2004 无公害食品菲律宾蛤子》规定要求。除每年伏季休渔期和冬季浮冰期外，其余时间都可以捕捞。采捕规格为 3 厘米以上。獐岛盛产杂色蛤。杂色蛤不仅含有丰富的蛋白质、脂肪、碳水化合物和多种微量元素，而且口感鲜美，獐岛人和到獐岛来的客人大多喜欢吃獐岛杂色蛤。

杂色蛤有多种吃法，主要有煮食、凉拌、爆炒、烧烤等。除鲜食外，还有杂色蛤罐头、真空杂色蛤袋装品等。

原汁杂色蛤 将吐沙的杂色蛤放进沸水中煮，杂色蛤的壳一张开就捞出，连同杂色蛤汤汁一起倒进小盆或食钵，即可上桌食用，原汁原味，鲜嫩可口。

辣炒杂色蛤

凉拌杂色蛤 将吐沙煮熟的杂色蛤肉放上葱段、姜片、花椒油等调料，稍稍一搅拌，再加点香菜或胡萝卜丝，这道菜就成了。色鲜、味佳。

辣炒杂色蛤 锅里放的豆油加热后，将干尖椒煸香，再将吐净沙子的杂色蛤倒入锅里大火爆炒，加少许白酒及其他调料，待杂色蛤张

开壳，再撒上香菜即可出锅。风味独特，很受食客喜爱。

对虾 学名东方对虾，又称中国对虾等。因个体较大，通称之为大虾。捕捞季节一般是在春、秋两个季节。獐岛对虾营养丰富，且其肉质松软，易消化，对身体虚弱以及病后需要调养的人是极好的食物。更为难得的是对虾体内含有一种物质叫虾青素，虾青素是目前发现的最强的一种抗氧化剂，有助于消除因时差反应而产生的“时差症”。

对虾

水煮对虾

对虾是虾中之王，既是人们餐桌上的美味佳肴，又是不可多得的食疗佳品。但食用必须要新鲜的，体色发红、肢体发软的死大虾，说明不新鲜，腐败变质的也不能吃。另外，对虾背上的虾线一定要除掉，这个也是不能吃的。对虾忌与葡萄、石榴、山楂、柿子等同食。

獐岛对虾有多种吃法，整只对虾的烹调方法有红烧、油炸、甜烤；加工成片、段后的对虾，可熘、炒、烤、煮汤；对虾制成泥茸，可制虾饺、虾丸。

糖烤大虾

水煮大对虾 将新鲜的大对虾用清水洗干净，在沸水中煮十几分钟，待虾体变得通红，即是煮熟了。去掉虾头，掰掉虾皮，可不蘸调料吃，吃的是原汁原味，也可以蘸调料吃。

糖烤大虾 锅底油加热，放入葱花、姜片爆香，再将对虾倒入锅里翻炒变色；另锅加适量水、糖、番茄酱熬成稠汁，倒入对虾翻炒，收汁出锅。糖烤大虾色泽红润，皮酥肉嫩，甜中带鲜。

熘虾仁 将新鲜的对虾洗净后，去头扒皮，切成段，放到已经加了调料的锅里翻炒，待虾段变红即可出锅。

牡蛎 地方名称海蛎子，南方人称蚝，是海洋中常见的贝类。牡蛎的两壳形状不同，表面粗糙，暗灰色，上壳中部隆起，下壳附着于其他物体上，两壳的内面均白色光滑。

獐岛盛产牡蛎，在獐岛潮间带的大坨子、三坨子等礁石上随处可见。岛上人家想吃牡蛎，拎着蛎耙子和蛎兜子，出门登礁就可以收获。回家后，用专门的蛎刀剖开蛎子皮，露出牡蛎肉，可生吃，也可熟吃。到獐岛的游客都要点上一道有牡蛎的菜。獐岛的牡蛎肉肥美爽滑，营养丰富，是餐桌上的珍品，深受人们喜爱。

牡蛎

牡蛎有多种吃法，主要有清蒸、干炸、爆炒、煎蛋、煲汤等。

清蒸牡蛎 先将牡蛎清洗干净，放入锅中蒸 6~7 分钟即可出锅，再将煮熟的牡蛎摆入盘中，食客自己掰开蛎皮，取出蛎肉，蘸着辣根或酱油调汁吃，其肉肥爽滑，鲜香可口。

干炸蛎黄 将生开的牡蛎肉挂上调制的面糊，放油锅炸变色后即可出锅。食用时，可以直接吃，也可以蘸调料吃，色香味俱全。

牡蛎炒鸡蛋 将生开的牡蛎肉和鸡蛋一起炒，炒熟后摆盘。炒熟的灰白色的牡蛎肉和黄红色的鸡蛋装在一个盘子里，味道鲜香，色泽搭配诱人。

干炸蛎黄

萝卜丝牡蛎汤 先将萝卜丝放在加有调料的水里煮熟，然后放进洗净生开的牡蛎肉，待片刻即出锅。萝卜丝牡蛎汤因为有牡蛎，所以很鲜灵；因为有牡蛎，萝卜丝变得更绿。凡知道这道菜的人，在獐岛宾馆、饭店吃饭时都愿意点这道菜。

虾蛄 地方称虾爬子、皮皮虾、螳螂虾等。其外形头胸甲前缘中央有一片能活动的梯形额角板，其前方有能活动的眼节和触角节。腹部宽大，共六节，最后另有宽而短的尾节，其背面有中央脊，后缘具强棘。

虾蛄

虾蛄是一种营养丰富、汁鲜肉嫩的海味食品。其肉质含水分较多，肉鲜嫩滑，淡而柔软，并且有一种特殊诱人的鲜味。长成的雌虾爬子背部满是膏脂，肉质十分鲜嫩，味美可口。蛋白质含量丰富，氨基酸含量全面，组成合理，易于人体消化吸收，尤其是赖氨酸等必需氨基酸含量较高，富含谷氨酸、甘氨酸，故食用口感味道鲜美。有补肾壮阳、通乳脱毒之功效。

每年 4—5 月份，是獐岛虾蛄大量上市的季节，这个时候的虾蛄是最肥的，其味道更鲜美，食之当为最佳，为獐岛老百姓喜爱的海产品，也是高档宾馆酒店餐桌上受欢迎的美味佳肴。

虾蛄有多种吃法，主要有清蒸虾爬子、盐虾爬子、虾爬丸子、虾爬饺子等。

清蒸虾爬子 将虾爬子用清水洗净，放沸水中煮熟后取出，用手扒掉虾爬子外壳，就可以吃到虾爬子肉了，原汁原味。

盐虾爬子 用雄、雌虾爬子盐渍皆可，但是选雌虾爬子盐渍为最佳。先将准备盐渍的虾爬子清洗干净、控水备用；再将放有姜片、花椒、大料的水烧开，待水变凉后，再根据食客的不同口味在水中放入葱段、香菜梗、红干椒、白糖、白酒、酱油、盐，将虾蛄淹没至料汁中 6~12 小时即可食用。盐渍的虾爬子肉质肥嫩、膏脂鲜香，美味可口，是人们爱吃的美食。

腌虾爬子

虾爬丸子 先将虾爬子的头去掉，然后将去掉头的虾爬子放在面板上，用擀面杖从尾至头将虾爬子肉从壳里碾出。碾出的虾爬子肉剁碎后加入适当调料，做成丸状放在汤水中煮熟，一碗十分鲜灵、可口的虾爬丸子就可上桌了。

虾爬饺子 将碾出的虾爬子肉剁碎后加入适当调料，做成饺馅，用饺子皮包住后，用沸水煮熟即可食用。鲜而不腻，吃过一次还想吃。

缢蛏 地方称小人仙，俗称“蛏子”，是双壳纲帘蛤目贝类动物。介壳两扇，脆而薄呈长扁方型，形状狭而长。自壳顶到腹缘，有一道斜行的凹沟。壳表面呈黄绿色，里面白色。

在獐岛近岸的海里泥沙中生长着缢蛏。缢蛏在泥沙中完全靠两个水管与滩面上的海水保持联系，从入水管吸进食物和新鲜海水，从排水管排出废物和污水。如果在海滩上看到相距不远的两个小孔，用长钩触动一下能喷出少许海水来，那么底下一定有小人仙。这

缢蛏

两个小孔就是小人仙两个水管伸出的地方。蛤蛏的大小可以从两个小孔之间的距离推算出来，其体长约为两孔距离的 2.5 ～ 3 倍。

清蒸小人仙

獐岛海水咸淡适宜，饵料丰富，滩涂以泥沙质为主。以其得天独厚的优势，使得蛤蛏生长快，个体大，肉嫩而肥，色白味鲜，成为餐桌上不可或缺的美味佳肴。

蛤蛏有多种吃法，主要有清蒸小人仙、麻辣小人仙、爆炒小人仙等。其中爆炒小人仙咸甜鲜香，美味可口。

鲈鱼

鲈鱼 学名日本真鲈，又称花鲈等。体长，侧扁，背部稍隆起，背腹面皆钝圆；头中等大，略尖；体被小栉鳞，侧线完全、平直；背部青灰色，两侧及腹部银白；体侧上部及背鳍有黑色斑点，斑点随年龄的增长而减少。体重一般 1.5~2.5 千克。

獐岛产的鲈鱼富含蛋白质、脂肪、碳水化合物等营养成分，还含有维生素 B2、烟酸和微量的维生素 B1、磷、铁等物质。具有补肝肾、健脾胃、化痰止咳的功效，对肝肾不足的人有很好的补益作用，还可以治胎动不安、产后少乳等症。尤其是准妈妈和产后妇女吃鲈鱼，既可补身，又不会造成因营养过剩而导致的肥胖。另外，鲈鱼血中含有较多的铜元素、EPA（二十碳五烯酸）和 DHA（二十二碳六烯酸）。

清蒸鲈鱼

鲈鱼有多种吃法，主要有清蒸鲈鱼、茄汁鲈鱼、酱烧鲈鱼等。其中酱烧鲈鱼汁浓味醇，肉质鲜嫩，酱香入味，酸甜适口。做法：鲈鱼去脏、鳃，洗净打花刀，抹盐和料酒腌 15 分钟；锅放油，烧至七成热时入鲈鱼，煎至两面焦黄；鱼推至锅边，入姜丝炝味，放入调好的黄豆酱水，转大火煮开；煮至汤汁少许入大葱；大火收汁即可出锅。

◉ 獐岛土特产

时令海鲜

獐岛，一年四季都有海鲜，只是在冬季个别品种较少或是没有。

春鲜 鲅鱼。鲅鱼是渔民下海开捕的头一批收获物，有“第一鱼”的名声。每到春汛，新鲜晶亮的大鲅鱼一上市，家家户户的餐桌顿时多了这道鱼肴，人们都以吃上鲜美的鲅鱼为快。鲅鱼的做法很多，可红烧、可炖、可酱焖、可腌制。

蠓子虾。柳梢绿了，蠓子虾就上市了，小葱拌蠓子虾，蠓子虾炒鸡蛋，蠓子虾鸡蛋酱，成桌上常见的美味。

虾蛄。进入春季，尤其清明节之后，虾蛄大量上市。虾蛄是一种营养丰富、汁鲜肉嫩的海味食品。虾蛄肉质含水分较多，肉味鲜甜。春季是其产卵的季节，此时食用为最佳。

梭子蟹。谷雨前后，梭子蟹成为主角，其鲜美自不必多说。

带鱼。在黄海南部越冬的带鱼洄游，形成春季鱼汛，北方的带鱼肉质佳，更鲜。

带鱼

夏鲜 白蚬子、沙蚬子、黄蚬子等，可水煮，可做汤，可辣炒，也可烧烤，都是夏日餐桌的主角。夏日是烧烤的最美时节，白蚬子、沙蚬子、黄蚬子等，都是烧烤的上品。在獐岛的酒家或是渔家，在海滩或是山下，一炉红火，亲朋好友相围，蚬子在火上冒着鲜气，一口蚬子一口酒，格外清爽。夏日如火，围着炉火烧烤蚬子之外，蛏子、小人仙，也是烧烤的佳选。蛏子、小人仙，还可做汤、炒鸡蛋，还可辣拌、辣炒，佐以白酒啤酒，美味可口。

贝类水产品

各种鱼虾，都是夏日的餐桌上的美味。

秋鲜 鲅鱼，秋时体长肉肥。可做鲅鱼丸子、鲅鱼烩饼子、红烧鲅鱼等美食。

梭子蟹及各种蟹类，在秋季均可蒸、煮、腌着吃。入伏后，梭子蟹的母蟹，开始产卵，一身的肥硕变瘦了。其时，吃公蟹最佳，一是公蟹体大，此时比母蟹肥，其肉鲜美异常。

秋季的鲈鱼、胖头鱼及各色杂鱼，可清蒸、酱焖，也可油炸、烹煎、做汤。做汤，尤以胖头鱼汤叫人称绝。腌制海鲜，秋日亦是好时节。

虎头蟹、赤甲红蟹、花盖蟹等，都可腌渍，其肉嫩、滑，食之胃口大开。虾爬子、泥溜及各种虾，都可腌食。

鲅鱼

冬鲜 海蛎子，入冬后，一家人或是三五好友聚在一起，餐桌上摆放一钵萝卜丝海蛎子汤，热气腾腾，肉鲜、汤鲜，吃一口海蛎子肉，喝一勺海蛎子汤，满口鲜，令人吃了还想吃。

黄蚬子，可炝拌、水煮、清炒。最叫一些人贪嘴的，是烧烤。红红的炉火上，黄蚬子壳一张开，筷子夹起，不用说蚬肉，就是壳里的汤汁，入口也很鲜美。冬季人们喜欢吃火锅，黄蚬子也是不可缺少的食料。

鱼是冬日里不可少的佳肴，红烧、清炖、油炸，大锅鱼、大锅饼子，看着眼亮，吃得快意。胖头鱼干、鲅鱼干、青皮子鱼干等，各种鱼干，配以玉米粥和大饼子，百吃不厌。

大锅炖鱼

海鲜干品

鲅鱼干 新鲜的鲅鱼很少晒鱼干，一般都是那些在打捞、运输过程中“擦皮”或是当天没有卖出的鲅鱼，渔民用来晒成鲅鱼干。

用鲅鱼晒成咸鱼干，做法非常简单。传统的做法是用海盐将鲅鱼腌制起来，最后晒成很干、很硬的鲅鱼干。鲅鱼干可以蒸着吃，也可以烤熟吃。以前家里没有冰箱等电器时，鲅鱼干必须多用盐而且要晒得很干，这样容易保存。现代做的鲅鱼干，改变了传统的一些做法。鲅鱼干不需要用太多的盐。晒的时间也比过去短，七八成干就可以放入冰箱冷冻保存。烤出来的鲅鱼干、肉质金黄软嫩，咬一口满嘴流油。一口咸鱼、一口饼子，鲜嫩可口。

鲅鱼干

咸鱼的最佳搭配就是玉米饼子，这二者是当地人饮食习俗中的“黄金搭档”。旧时，它陪伴獐岛人艰难度日；温饱岁月，是它们给当地人的餐桌增添了别致风味。特别是对那些上了岁数的人来说，日子里缺了咸鱼、饼子的点缀，生活似乎就少了些滋味。

咸鱼和玉米面饼子

金钩海米　也称虾米或虾仁。是用海产虾类煮熟后晒干，纳入袋中，扑打揉搓，风扬筛簸，去皮去杂而成。海米以青虾米为上品，色味俱佳。故前人有“曲身小子玉腰肢，二寸银须一寸肌”之咏。海米食用前加水浸透，肉质软嫩、味道鲜醇，煎、炒、蒸、煮均宜。

金钩海米不仅味道鲜美，且营养丰富。一般每百克中蛋白质含量为 47.6 克，脂肪含量为 0.5 克，富含钙、磷等多种对人体有益的微量元素，并含有大量的无机盐和多种维生素，是人体获得钙质的较好来源，为著名的海产珍品。

金钩海米

优质海米颜色淡黄、淡红或粉白，鲜艳有光泽，体形完整，大小均匀，干度足，肉质丰满坚硬，虾身光洁，无皮壳及腹肢，盐轻淡。

海米是盐干制品，其体表粘有许多盐分，贮存时间过长的海米中含有少量的亚硝酸。因此食用前，首先去掉海米中的杂质，用温水反复洗净盐分，再用开水冲洗，除去海米中的亚硝酸盐及有害成分。菜肴做法有海米冬瓜、海米白菜、海米烧芹菜等。

黄蚬子干

蚬子干　分为沙蚬子干和黄蚬子干，是由獐岛特产沙蚬子和大黄蚬子蒸熟去壳后晾晒成的干品。新鲜的蚬子个大肥美、软嫩鲜甜，而去除了水分的蚬子干虽娇小似干瘪，但还是透着一股鲜香，其肉质鲜美无比，营养丰富，高蛋白、高微量元素、高铁、高钙，少脂肪。

蚬子干多数人可以吃，主要吃法有蚬子干炒韭菜、蘑菇海鲜汤、丝瓜海鲜汤等。蛤蜊等贝类本身极富鲜味，烹制时千万不要再加味精，也不宜多放盐，以免影响鲜味。

胖头鱼干 胖头鱼个头不大，獐岛附近的浅海区、海潮沟生活着胖头鱼，也有海水养殖的，其明显特征是头较胖大，相对于头部身体则显得细长，故在东港地区被称其为胖头鱼，是獐岛的特产。

胖头鱼干制作比较简单。把新鲜的胖头鱼去内脏洗净，放到一个容器里，一层鱼一层食用盐，切记要少用盐，密封放置 24 小时，取出洗净晒干即成。胖头鱼是高蛋白、低脂肪、低胆固醇鱼类，吃胖头鱼对心血管系统有保护作用；胖头鱼富含磷脂及改善记忆力的脑垂体后叶素，特别是脑髓含量很高，常食能暖胃、祛头眩、益智商、助记忆、延缓衰老，还可润泽皮肤。

胖头鱼干

青虾干 是由新鲜的青虾直接晒干成为虾干。虾干是一种蛋白质非常丰富、营养价值很高的食物，其中维生素 A、胡萝卜素和无机盐含量比较高，特别是用整只虾晒干的，其虾皮钙质含量较高，而脂肪含量不但低，且多为不饱和脂肪酸，具有防治动脉粥样硬化和冠心病的作用。

选购优质青虾干把握三点。一看，外观整洁，虾身弯曲，是活虾加工，虾身直为死虾制作的；外皮微红，内肉黄白，皮肉都红为添加色素；二闻，味道有虾的鲜味的是好虾干，若有刺鼻气味则可能含有二氧化硫或甲醛；三尝，咀嚼一下，齿留鲜味的为上乘。

食用时，需先用温水泡一下，然后就可以按照各自喜欢的方式烹饪。

鱿鱼干 鱿鱼干的制作较为复杂，需经过选料—浸泡—剖割—除内脏—洗涤—干燥—腌蒸等多道工序。据测定，鱿鱼干的可食部分达 95 %，比同类鱼产品墨鱼干多 13%；蛋白质含量每百克达 65.9%，比墨鱼干多 27.8 克；含热量 316 千卡，比墨鱼干高 42 千卡；鱿鱼干还含有碳水化合物、钙、磷、铁等营养成分，是出口的大宗海产品之一，远销日本、东欧、非洲等地。

鱿鱼干

随着生产和消费的发展，鱿鱼干的内销量逐渐增加。獐岛特产市场上常见的鱿鱼干一般有长形和椭圆形两种。在选购时，以色光白亮、质平薄、个体均匀、肉质微透红、干燥兼有腥香者为佳。肉瘦色差、涨性不好的次之。鱿鱼干的炮制方法比较简单，把干品浸泡在冷水中，浸泡时间要看鱿鱼干的大小厚薄和气候的冷热而定。一般用 3~4 小时，如肉质厚，气候冷，则浸泡时间宜长。然后将清水放少许纯碱溶解，把经水泡过的鱿鱼干放入浸泡 1 小时取出，再换清水泡 3 小时左右，去净碱味，即可烹调。50 克鱿鱼干大约可涨发至 300 克。

鱿鱼干的吃法很多，有点名气的当属清炒鱿鱼干，鲜嫩爽滑、色泽略显淡红，无腥不腻，别有风味。还有酸辣鱿鱼、干编鱿鱼、鱿鱼香锅等。

海鲜酱品

虾酱　獐岛虾酱是用春季第一茬下来的蠓虾做成的，这时的蠓虾干净，无其他杂物，一斤蠓虾加二两盐，搅拌均匀密封，经发酵成黏稠状后，即可食用。

由于虾酱是一种储藏发酵食品，在储藏期间，蛋白质会分解成氨基酸，使之具有独特的清香，滋味鲜美，回味无穷。小虾所含钙质分解后成为易于人体吸收的钙，脂肪转化为脂肪酸，因此虾酱是优质蛋白质、钙和脂肪酸的丰富来源。

储藏宜用玻璃和瓷器，必须严密封口，防止雨淋和沾生水，存放阴凉通风处。开盖食用时要及时封口，防止苍蝇叮爬、污染、生蛆、生虫、发霉变质。如发现有翻泡现象尚未变质时，及时加少许白酒，密封保存。如已翻泡变质和有臭味者，不能食用 。

虾酱的食用方法很多，既可用作各种烹饪和火锅调味料，又可用于做出许多独特的美味小菜，如鸡蛋蒸虾酱、虾酱炖豆腐、辣椒蒸虾酱等。最容易做的是鸡蛋虾酱饼。把油烧热后倒入虾酱，加葱末、蒜末、干红辣椒段、少许黄酒和醋，爆炒后，将打散的鸡蛋倒进锅里，烙成饼就可以了。如果是春季吃，加入少许香椿味道会更好。

包装好的虾酱

水兔酱　水兔是一种营养

价值很高的软体动物，有人称之为笔管鱼、笔管蛸、海兔子。水兔的做法有很多，其中受人青睐的就是做成水兔酱了。水兔酱的营养价值高，含有蛋白质32%，脂肪9%，还含维生素A、D以及矿物质等营养成分，有消炎、退热、润肺、滋阴等功效。

水兔含多种人体需要的营养素，做成水兔酱有很好的食疗作用，具有一定的抗病毒和抗细菌、消炎止痛等功效，是非常好的保健食品。食用水兔酱有养胃健胃、补阳壮阳、补血养血、调理肠胃、防癌抗癌、滋阴补阴、排毒解毒、开胃消食等作用。经研究发现，水兔酱中还含有一种可以溶解肿瘤细胞的物质，具有良好的抗肿瘤作用。

艺文杂记

獐岛村自古以来就是一个以打鱼为生的小渔村，由内生加外传，沉淀与积累，逐渐形成了独具特色的渔家文化。

《獐岛风情》，这首富有海岛气息、和着优美的旋律的村歌，曾荣获了“第二届中国村歌优秀奖”；1955 年进驻獐岛某部加强连的《小鹿岛驻军连歌》唱出了守岛士兵的心声；当年驻岛连队官兵一首首小诗，倾注了他们对獐岛的无限深情；现代文人墨客，为獐岛优美自然风光和人文景观所动，纷纷到岛临摹写生、挥毫泼墨，就有了诸多有关描写獐岛的优秀诗词、散文和书画作品；岛上随处可见的大型浮雕、壁画，凸显当代渔民对艺术的追求和艺术品位的提升；一篇篇传说故事又是那样的娓娓动听。

美丽的獐岛，吸引众多文人墨客，挥毫泼墨；随处可见的大型浮雕、壁画，凸显当代渔民对艺术的追求和艺术品位的提升。

◉ 诗与歌

战友

孙长福

五湖四海聚军营，守岛固辽东。
朝夕相处留梦，情谊刻心中。
风华茂，习武功，皆精兵。
卸甲还田，各显神通，魂牵余生。

忆连史

孙长福

极目兵书史诗篇，回首忆当年。
流金岁月难忘，使命铸中坚。
红军连，援朝传，杨忠贤。
战场尖刀，守岛模范，敬慕无眠。

35 年后重回小鹿岛感怀

张新华

一

半世情怀绕梦中，苍茫岁月各殊同。
兴隆山下当年路，小鹿岛上昔日风。
数载战友分南北，一朝欢聚话时空。
追风韶华难留驻，展卷仍闻军旅声。

二

卅载重回獐岛村，物非人是亦觉亲。
锦江但载多年梦，鹿岛犹涵一世珍。
欲赋东沟狂海浪，却勾甲午淡烟尘。
开怀豪饮丹心醉，曲曲军歌情谊真。

小鹿岛守备连登岛 60 周年感怀

王兆中

耳边长闻海涛声，梦里更恋细柳营。
时逢甲午回故岛，难了军民战友情。
千言万语话不尽，万盏千杯量亦轻。
祝君好运一生久，心宽体健阖家兴。

小鹿岛情怀

谭洪弟

四十余载鱼水情，
战士青春献军营。
银发双鬓来寻梦，
爱岛爱民更爱兵。

獐岛

赵旭光

山青崖秀，帆白波碧，
獐岛，中国海疆的第一个胎记，
漂泊到哪儿，
我都认得你。
海是岛的田，
岛是海的犁，
风平浪静的日子，
一舟一桨，
足矣！

海可傍，山可依，
守可耕，进可渔，
光阴沉寂的好时岁，
要火火热，要水水深。

且把船儿停靠，封了码头，
今夜，只有我是过客，
我即是岛——让水落石出，
让我仰望星空，无地自容。

獐岛记

姜伟

海涛落下去，又扑上来，
耗尽一夜。沉重的黑慢慢散开。

我和她从岛西走到东，
穿过了寂静的街道，瘦硬的礁石群。

海水退潮，
沙滩细软发亮。她提着裙裾，
露出贝壳的脚踝。

朝霞的幻象在水中颤动。
我的影子，仿佛从身体里游出的鱼，
在薄凉里淡淡地不见。远处，
万千海兽发出隐隐的轰鸣，太阳，
从巨大的水床上跳了起来。

回身找不到她，转瞬又从巨大的礁石后
飞出来，“哈哈，日出与谁有关？”她张开双臂，
像一只白喙灰羽的海鸟，
划过庞大无比的静寂。

獐岛潮

姜作夫

一岛潮生江海平，金鸡啼晓映山红。
六坨争艳朝霞里，人在仙山第几重？

喝火令・獐岛行（三首）

姜作夫

喜重逢

碧海青獐卧，
红花绿岛迎，
海鸥亲近舞礁丛。
霞落水滨云榭，
宛若蜃楼中。

一岛相思苦，
六坨寂寞慵，
晚潮悄语话相逢。
慰我心怀，
慰我念君情，
慰我梦中妈祖，
绕岛月三更。

赶小海

赤脚银滩上，
寻潮浅浪中，
捞鱼拾贝钓竹蛏。
最爱一双叠蟹，
不忍扰清平。

牡蛎汤鲜美，
虾爬水韵丰。
海花千朵酒千盅，
醉了诗翁，
醉了种花农，
醉了满天星月，
笑指绛河倾。

观日出

火浴千重浪，
霞披百纳衣，
炽腾一跃唤金鸡。
獐鹿绛宫酣睡，
香梦彩迷离。

远古传神话，
今朝赏秀奇，
二郎情陷小龙姬。
自叹无成，
自叹奈何矣，
自叹上天呵护，
留个美晨曦。

鹧鸪天・游獐岛

黄义忠

放眼汪洋连绿洲，喜迎红日照船头。
村中老屋思悠远，崖上鲜花似害羞。
登石级，荡渔舟，吻风踏浪戏群鸥。
拾来皆是玲珑句，刻入心扉吟不休。

獐岛鹰嘴石

七绝·海岛拾趣

黄义忠

兴来收网碧波中，勤拾鱼虾乐不穷。
抛却红尘烦恼事，净心世外做渔翁。

七绝·渔村曲

黄义忠

石阶傍水绕渔家，雏菊殷勤迎早霞。
窗外喈喈鸟声急，唤君出海捕鱼虾。

獐岛风情（村歌）

柳鸿裕 词，鞠常洪 曲

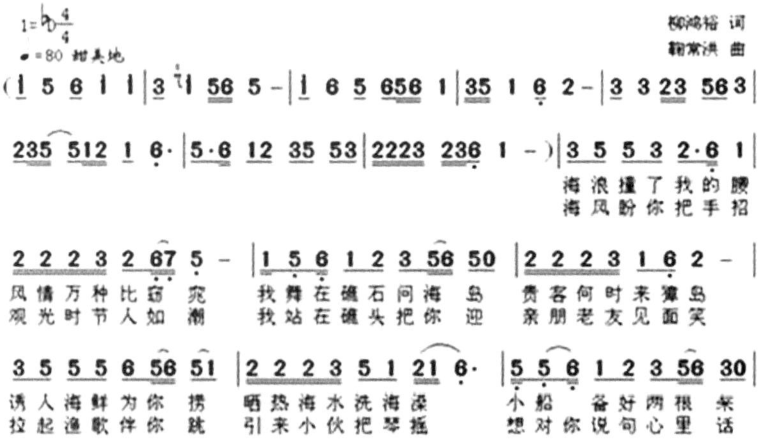

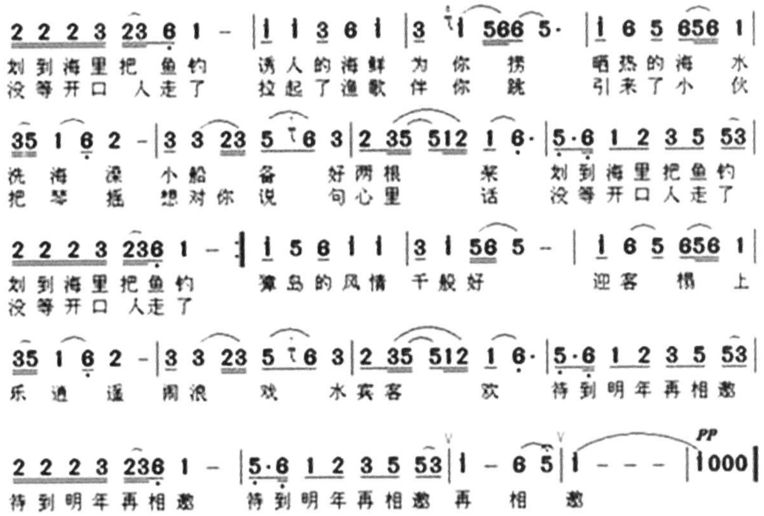

小鹿岛驻军连歌

胡志成

小鹿岛，小鹿岛，
幅员不大地位重要，
屹立海中央，
是祖国的最前哨，
我们战士日夜生活在这里，
永远不疲劳。

小鹿岛，小鹿岛，
祖国建设向前飞跑，
渔业大丰收，
人民公社成立了，
我们战士日夜战斗在这里，
勇敢把国保。

海岛上的哨兵

◉ 散文

渔船上的十二属相

张涛

满眼都是船。货船、客船，大船、小船，簇拥在码头上，一片的忙碌。进出獐岛，靠的只能是船。一些国家，有飞地，獐岛，也有飞地。这块飞地是一处港口，在北井子镇的海鹰村。进岛的货物，进岛的人，在这里上船；出岛的货，出岛的人，在这里下船。

船行海上，前方，獐岛青灰的影子，远远浮在水面上，好像随着浪涌飘摇。渐渐的，伴着船的前行，青灰的影子变得清晰了，影子上出现了树，出现了房舍，那么，后口就到了。满眼又是船，货船、客船，还有渔船。下船，上岛，走上后口的高岗，岛前迎面的海湾里，满眼又是船，只是，不再是货船和客船了，都是渔船，在遥遥的海上锚着，行着，铁黑着，模糊着。走上岛东的高地，走上岛西的高地，满眼又都是船，自然也都是渔船。和所有的海岛一样，獐岛是一个船的世界。獐岛渔家的日子，是船驮起来的。

渔船，是我童年的远方。最早知道渔船，是从卖鱼虾小贩的嘴巴里。清明过了，村街上就有了卖鱼虾的吆喝声。多是壮年男人，一根扁担八股绳，吊两只苇编的鱼笼，扁担丈许，苇编的鱼笼长三尺余宽尺许，一颤一颤走村串街。日子艰辛，村里人看的多买的少，买的，也多是以物易物，用鸡蛋交换。一群人围着鱼笼看，卖鱼的手闲嘴不闲，便要说起他的鱼虾新鲜，是大船上的货，那大船不是一张篷而是两三张篷，什么是篷？篷就是船的帆，帆和翻同音，打渔人忌讳多，不能说帆只叫篷。又讲，打渔人吃饭，不能把碗扣着放，扣就是翻，船上更忌讳。还有的时候，就讲起打渔人船走老洋，打起几十斤上百斤的鱼，大船，比房子都大，能装几万斤的鱼。我想象不出，比房子还大的船是什么样子，能装几万斤鱼的船，走老洋，让我羡慕不已。要是有一天，能见到房子一样的大船，或者能驾船走一次老洋，那该多么痛快。老辈人说，上小珠山顶，就能望到海，看到船。那么，小学三年级的时候，我们几个同学就上了离村子三里多远的小珠山，跷起脚板，只能望到茫茫的一片，同学说那就是海了，可是，船的影儿也没见到。后来，上初中的时候，跟几个同伴去北井子赶小海扒蚬子，三十五里到海边，又走几里滩头，蚬子没赶到几个，更没有见到房子一样的大船，成了我老大的遗憾。

真正见到大船，是我在县文化馆的时候。星期天，我好多次去大东沟，满沟筒子里

俯瞰码头

都是三桅两桅的大船，看船们乘着潮头满载归来，看篷从高高的桅杆缓缓落下，看渔人立在船头把缆绳向岸上抛出，在夕阳里飞出一个优美的弧形，看船们晴日或是细雨里解缆升篷，看船们驾风驶出大东沟口，篷的影子一点点隐于海天相接外。我立在岸上，立在我童年的远方里。

夙愿已偿，我以为我已经了解了渔船，我甚至在小说里写过渔船。

然而，我错了。大约七八年前，一次去东港参加笔会，那时候，木船早已变成了铁船，文化中心的大厅里，保存了一条早年的木船，我转着瞅，想及我童年的远方。文体局局长王金刚，是我多年的朋友，见我对那条船感兴趣，和我讲，船上有十二种工具，组成十二属相。十二属相，谁都知道，子鼠丑牛，寅虎卯兔，辰龙巳蛇，午马未羊，申猴酉鸡，戌狗亥猪，可是，以十二地支配以人的出生年份的十二种生灵，怎么会在船上？他说，他听一个老把头讲的，我让他讲，他只记得几个，譬如龙骨，羊角，更多的，他记不住了，他告诉我，什么时候再来，他想法联系那个老把头。

船上有十二属相，让我十分惊奇，可是，老把头终于没有联系上。我只好上网查。十二属相之说，可见山东版的，福建版的，然而，山东版也好，福建版也好，有的只点出了几个属相，具体是什么物件，没有说清。从那以后，在东港，在孤山，在前阳，我问过一些打渔人，少数的听说过船上的十二属相，大多数从没听说过。丹东的大沙河口，常泊着一些渔船，我问过使船人，问过修船的木匠师傅，也没人说得出。我有点失望了，不甘心，更担心，随着时光的流失，老一辈的渔人越来越少，船上的十二属相，便难以有人能够说清楚，可能就湮入岁月从而不可知了。可是，担心也没用，没有人知道啊。这次来獐岛，我就揣着一个想法，獐岛是船的窝，一定找渔人再请教一下船上的十二属相，但愿能有渔人知道。

到獐岛的当天中午，吃过饭，我就出了宾馆，在临海的广场上，在渔家的门前，在海边的路上，我问过三五个当地人，都没听说过船上有十二属相，我有点失望，难道在獐岛也找不到答案？

第二天，我向当地人问起岛上年龄大的渔民，他就提到了九十岁的张洪玉老人，他的父亲就是岛上有名的造船的木匠，他本人也当过多年的船老大，而且，也和父亲一起修过船。那么，我和一个朋友走进了张洪玉老人的家门。如果，我们在獐岛的街上遇见这位老人，你绝对想不到他已经九十岁了。九十岁的老人，脸上是大半辈子天风海浪刻下的痕迹，还看着一间小小的杂货店，脚步灵动，声音响亮，连声指着凳子让坐。那是一条如今少见的长条木凳，就是木匠的物件。我向老人请教船上的十二属相，老人说，对，早年的老船，能装三万斤以上的，才会有十二属相。我松了一口气，看来，这一次是找对人了。

老人先是说出龙骨，马面，鸡骨，我赶忙在小本子上记。说了这三个属相，余下的，他似乎一下子想不起来了。我说，您老别急，慢慢想。老人想了想，说，噢，虎牙。我忙问，虎牙在哪？他说，船头。我又问，船头的哪个地方？老人不语，倒是取过了一支笔，我把小本子摊开在他的面前，他左手按着本子，右手在本子上开始画，一条线又一条线，六七笔过去，一条渔船的模样就横在小本子上了。

大约一个小时左右，老人给我一一讲述船上的十二属相，我呢，赶忙在小本子上画着，记着。走出老人家的门，一时觉得獐岛的天更高，海更阔了。

就让我依照十二属想的顺序，一个个告诉你吧。

十二属相，鼠为首，当然先说鼠。

这世上什么时候有了船？怕没有人能够说得清楚。小船，如古诗里的扁舟，靠的橹和桨，大船，靠的是帆，不，照渔人的规矩，是篷。有一句许多人都耳熟能详的话；船走八面风，靠的就是篷。船的篷，是粗布的，篷布有多大？十丈的船，桅杆一定比船还长一二尺，篷呢，几乎就如桅杆一样高了，如此可推算，十丈的船篷，大约就有九丈多的篷了，其宽，也有三二丈，据老人讲，早年最大的木船，可达十五丈，想想，那个篷，该有多大？而且，载重三万斤以上的船，主桅之外，还有二桅三桅，也就是说，一只大船上，可能多达三块篷，那些软软的布篷，要升起来，还是承受风的推力，就需要竖的吊起横的支撑，才能使一张篷伸展的空中。升篷的，是绳子和滑轮，把篷撑开的，是两面对称夹着篷布的横木杆，一道道横在篷上，既要耐腐烂，又要有韧性，用细绳把木杆和篷布系牢，绳子一头粗一头细，粗的一头系在木杆上，细的一头系一个专用扣，那个活扣系在篷的一端，酷似老鼠尾巴，故称之为鼠尾。船行海上，篷迎风高耸，一道道横杆上的一只只鼠尾便高高舞动。船到码头，落了篷，那些鼠尾也就趴在篷里休息了。我们见到的鼠，多在家里，在墙里打洞，在屋梁跑动，可船上的鼠，不打洞，不跑动，船歇了，渔人歇了，它也趴在篷间歇息，船出码头，行在大海上，它和渔人一样，成了大海的精灵。

牛，被渔人称为大牛。大牛是老人最后一个想起的，是位于船头上的一根木桩，船的大小不同，木桩的高矮粗细也不同，一般为二三尺高，尺许粗。其作用有二，一是固定一根很粗的缆绳，以备拖船用；二是进了码头，拴船用的。因其粗大，称为大牛子。

虎，不是整虎，而是虎牙。在船头的最上面的横梁上，整齐的竖立着四根木桩，长约尺许，粗三四寸，船靠了码头，锚绳，就从木桩间垂下；出海，升锚，锚绳也是从那木桩间拉上。一只船，乘风破浪行走波峰浪谷，那四根木桩，耸立得威风凛凛，像四个尽职尽责的卫士，渔人叫它虎牙。是的是的，除了是虎的牙，还能有什么牙能有那么大的排场？

虎牙，据另外的渔人说，又叫虎头牙。明明是四根虎牙，哪来的虎头？原来，称为虎牙的四根木桩通过木榫插进船头最上边的横木里，那横木，就是虎头了，虎头长牙，自然就是虎头牙了。船上竟生出一颗虎头，还是伸出四颗长牙的虎头，何等的威武雄壮！

兔，在船上到处可见。队伍庞大。在乡下，我盖过房子，老辈人说，盖多大房子，堆多大的料，盖房子的石头、土坯，檩木、屋梁，还有门窗，其体积，足以装满房子。船，更是一堆木料堆成了。载重三万斤以上的大船，少说十丈八丈，船板，都不是独木的，而是一块块组合的。榫卯，是中国木工的伟大发明，其中的拨锤子榫，像是联结两块船板的唯一方法。兔子三瓣嘴，而拨锤子榫，就如同两个兔唇相接，所以，称为兔唇。在船上，每两个船板的接头处，都是两只尖尖的、吻在一起的兔唇。

龙，即龙骨。通俗地说，是船的脊梁。造船，首先要选一根巨大的木料，船的框架，都是从那木料上开始伸延、组合，那根长长的原木，是尖型船底的最底处，裸露在海水里，承受着海水的浸泡，托着渔船风里行浪里走，是一条船最重要的部件，渔民称之为龙骨。龙王，是海的主宰，龙骨，是渔船的主宰，这根关乎船的命运的巨木，当然只能叫龙骨了。龙骨是渔船的脊梁，或者，就是龙王的化身，日日，月月，年年，守护着渔人的安全。

最初用的龙骨，多是红松的，而且是长白山的红松，放排人把那些红松编成排，顺鸭绿江漂流而下，一个月，两个月，甚至三个月，出了鸭绿江口，最初放到大孤山，后来放到大东沟，獐岛专以做船的木匠来到排上，选最好的料，用船拖到獐岛。任何一条船，都离不开龙骨。一条船的平安，关键在于龙骨。便是如今，钢铁的船，也少不了龙骨的存在。

蛇，属相上称小龙，渔船上和小龙相关的器物，有三种。

渔船行海上，风里浪里是常事，浪，扑上船，压上舱，更是常事，大些的浪，几丈高，比船长，风扯着浪，先是把渔船荡起，接着铺天盖地而来，把船裹在浪里，让人没有喘息的机会。而且，有的时候，一浪接一浪。为了排水，船舷上都开有排水孔，孔为方形，每侧一个，计两个排水口，都在甲板的最低处，打渔人称为小龙口。一船两个小龙口，再大的浪，再大的雨，永远张开的小龙口，就是排水处。正是小龙口的这个名字，让我想起北京故宫和一些古建筑的龙口，在那些建筑中，出水打地方，多是一个张着口的龙头，墙内的雨水，就是通过龙口吐出的，甚至，一些古桥的排水孔，也都是通过龙口吐出的。现在，小龙，竟来到了船上。在中国，水，总是和龙联系在一起的。没有大龙，也有小龙。

另一种说法，为了船的安全，能抵御更大的风浪，造船时，除了龙骨，还有小龙骨，它附在龙骨的后面，比龙骨略短，和龙骨相互拥抱在一起，一加一大于二。俗话说，打虎亲兄弟，上阵父子兵，龙骨是龙王的化身，在关于龙王的神话里，常常有龙王三太子的故事，也许，那条小龙骨，真就是龙王的三太子，和龙王一起，守护着一条渔船的平安，守护无数渔船上渔人的平安。而且，这根小龙骨，藏在龙骨的身后，船造起了，从外观上看不到，在人的视线之外，算得上是一个无名英雄了。

还有一种说法，小龙不是排水的小龙口，也不是小龙骨，而是几条绳子。一条三桅的渔船，行，靠风，方向，靠舵。篷张在空中，为了让它能从最好的角度接受风的推力，就需要船老大不断地调整方向。篷，立在桅杆上，舵，在船的尾部，一条十几丈的船，篷和舵相距甚远，为了让掌舵的船老大能方便、及时调整篷的方向，篷的横杆上除了系着鼠尾，还系着七处条乃至十几条细绳，那些细绳，从升起的篷上垂下来，被拉到舵把上，为了把所有的绳子拢到一起，造船人用他们的匠心制作了一个板，小的长尺余，大的，二尺许，厚三二寸，板上，自上而下凿出交错的圆孔，只有单数，没有双数，三个、五个或是七个，称为七星板，系在篷杆上的细绳，分别从圆孔中穿过七星板，再通过七星板上的滑轮，分别系到舵把上端的五七个拇指粗的木桩上。如此，船老大一边掌舵把握船的方向，一边不时根据风扯动细绳调整着篷的方向。那些细绳，半悬在舵把前，随风飘摇，像一条条游动的小蛇，所以，被渔人称作小龙绳。

马。前面，说到了篷，说到篷上的鼠尾和小龙绳。篷所以能够给渔船带来动力，一定离不开桅杆。桅杆是渔船上最引人眼球的庞然大物，一般都是用落叶松树干，又一定来自长白山。载重几万斤的巨船，其桅杆的底部，合抱粗。而篷，就是吊在桅杆上端的铁或木制的滑轮上。滑轮有一上一下两个，间隔一拃余，固定在桅杆朝着船尾的方向，因像马的脸，故称为马面。两根系在篷上的粗绳，从滑轮间穿过垂下，船要出海了，渔人拽着长绳，通过滑轮的作用，一点点把篷升上桅顶。那阔大的篷，涂了桐油，很有些分量，升篷时，因马面的作用，省力了，但没有两个人，是升不起篷的。船走八面风，正是靠马面把篷系在半空中，没有马面，便没有篷，也就没有了船的蹈海腾浪闯远海走老洋。马，是人类最早驯化的动物之一，汉代以后，战马成了驰骋疆场的飞骑，成为华辇香车的标配，没想到，马，还能悬起巨大的篷，在海的波峰浪谷上驰骋，天马行空了。

大的渔船，一般是双桅或是三桅，一桅两马面，两桅三桅，就是四马面六马面了。马面吊在十几丈的云空，承受篷的重量，承受湿漉漉的海风的侵蚀，承受排天巨浪的冲击，马面的完好，关乎的一条船的安危，所以，在一定的时候，渔人都在仔细地检查马面是否受损。十几丈高的桅杆，小毛病，如滑轮上塞了东西，滑动不畅快，渔人可爬上去查看，清除上面的阻碍物，要是有大毛病，就需要把桅杆放倒，重新换马面。渔家的造船人是聪明的，那直直矗立云天的桅杆，是活的。桅杆的根部，不是立在船的甲板上，其中的一段，是从船的底舱生根的，也就是说，是和龙骨连在一起的，从舱底穿上甲板后，通过一个凹凸与桅杆相连接，有两根竖起的扁形木桩，类似庙门前旗杆的石座，木桩上有两个圆孔，桅杆的半人高处，也有两个孔，正好和两个木桩上的圆孔重合，两根丁字形木杆，胳膊粗，从一端插入木桩，穿过桅杆和另一侧的木桩，在丁字形木杆的尾处，有一个小孔，立着插进一根硬木，如同门闩的插销一样，把桅杆锁定，要修或是换马面的时候，就把上面的一根木的插销抽出，以下面的插销为轴，把桅杆顺着船的方向放倒，更换马面后，再重新竖起来。还有的桅杆座，是四根木桩围起的。

遇到大风暴时，也要把桅杆放到，只是，不再是顺着船的方向放倒，而是和船身成十字形放倒，称之为压舱，靠着桅杆横在渔船上的巨大身躯，成为一根定海神针，使得渔船不被风浪卷翻。

羊角。午马未羊，马和羊是一对好兄弟。靠着渔人的气力，两根极粗的长绳通过马面把船的篷升到桅杆顶部以后，为了不让绳子滑动，保持篷的稳定，渔人把绳子紧紧系在羊角上。羊角，是用槐、柞、腊等一类硬木做成的构件。具体说，桅杆上开榫，嵌入一根粗寸许长近半尺的圆木，圆木带卯，一个两端上弯的木件，中间开榫，和圆木卯榫相固定，形如一对羊角，故名，只是，这个木制的羊角和桅杆平行，一角朝上，一角朝下，还有一种，是为独角，其角朝下。不管是双角还是独角，悬篷的绳子就系在羊角和桅杆相连的横木上。之所以做成羊角状，是为了防止绳子从横木上脱落。这样细致的设计，叫人想起近来很是流行的一个词：工匠精神。

猴头。船的尾部，立着一根小腿粗的木桩，上面，刻成一个正方体，正方体的四角，又各削成一个平面，成四个正三角。这样的形制，曾出现在许多老桥的石柱上，颇有古意。正方体的四个面，加上四个正三角，成了八面，很像明清绣像小说中岳云或是黄天霸使用的八楞锤，故而，猴头，又称八宝猴头。猴头，一只渔船上只有一个，真的像一只猴子蹲在那里。想来，一只敢于跟着渔人出没深海老洋的猴子，肯定不是一只一般的猴子，该是猴王，或者，就是从花果山一个筋斗十万八千里，大闹天宫的孙大圣吧？看来，孙大圣不但跟着唐僧西天取经，还跟着渔人以船为家，闯泮走海。

申猴出场了，接着自然是酉鸡了。关于鸡，有两种说法。一，前面说到篷上的横木，是用细绳固定在篷上，固定横木的细绳，不是随意缠绕的，而是以横木下面为点，朝上伸出三根，中间一根垂直，左右两根分别伸向斜上方，成鸡爪状，故称鸡爪。二，七星板上的滑轮，中间用一根铁棍或木棍穿起，那根铁棍或是木棍，称作鸡骨。

狗头。狗头和虎牙一样，都在渔船的船头，不同的是，被称为狗头的那根横木，在虎头牙的下面。有一个成语叫狐假虎威，在渔船上，却成了“狗假虎威”。

十二属相的最后一个：猪。

猪，实际上是渔船的缆桩，计有四个大的四个小的。缆桩为什么会和猪联系到一起？这大约缘于方言。獐岛的渔人，大多都是从山东半岛闯关东过来的，也就带来了山东、特别是胶东一带的方言。在老辈人的口中，柱或是猪的发声，多是“拘”音，缆桩柱形，被叫着大“拘”子，拘和猪同音，那么，被叫着大“拘”子的柱形缆桩，就成了大“猪”子，成了十二属相的猪了。又因为挨着大“猪”子的旁边还有四个小的缆桩，也就又有了四个小“猪”子。一只渔船，有八只猪，四大四小，猪的家族一派兴盛。在中国，猪是最早被驯养的动物之一，古时，猪是一笔极大的财富，一个家庭的富有，和猪分不开，汉字的家字，宝字盖就是象形文字的中的房子，而宝字盖下面的“豕”字，就是猪。家无猪不富，船，无猪不丰，八只猪栖身渔船，大吉祥啊！

从听说船上有十二属相之说的那天起，我就一直在寻找的路上，可是，一年年过去了，一直没有找到。快十年了，一直困扰着我。在这个春雨蒙蒙的春天，在獐岛，子鼠、丑牛、寅虎、卯兔、辰龙、巳蛇、午马、未羊、申猴、酉鸡、戌狗、亥猪，地支生出的十二属相，一一找到了具体的位置，弄清了面目，心中大快。

一只渔船，十二属相，伴一代代渔人的海上春秋，风里走浪里行。一代代的渔人老了，渔船上的十二属相不老，仍然守在渔船上，伴着渔人子子孙孙。如今，渔人仍然年轻，但是，渔船，已由木制变身为钢铁铸铁制了，船上的十二属相，也退出了现役，就像东港文化中心的那条渔船，成为一件文物。想，那远离了大海的十二属相，也许会像老渔人一样，时常会说起当年乘风走浪的日子。

感谢老把头张洪玉老人的讲述，感谢我请教过的所有渔家人。

渔船上的十二属相，你们好！

第二故乡

刘金恩

在一个地方生活久了，离开这个地方，这个地方就成了故乡。那个漂在大海上的獐岛，是我的第二故乡，我一生中第二个生活时间最长、感情最深，魂牵梦绕的地方。离开这个小岛太久了，留在心中的只有一个字——“想”。我决定回去看看。

一叶轻舟迎着朝阳漂在海上，半个多小时就在小岛北口码头靠了岸。一踏上这块久别的热土，就有一种回家的感觉，那么熟悉，那么亲切。一路上，脚下的油路和一栋栋面向大海依山而建的崭新房舍，以及一张张陌生但亲热的脸……都让我感到小岛的面貌变了，变得让我有点眼生。数十年来，我第一次以游人的身份回到这个曾经遍印我的足迹，储存我青春年华的小岛，记忆蓦然回到了40年前。

一

上个世纪六十年代的“四清”运动，把我这个幼稚但青春勃发的小青年，作为“四清”工作队员，送进了这个小岛。小岛有一段流传日久的神话故事。相传很久以前的一天，南极仙翁身背一獐一鹿腾空驾雾，飞到黄海北部海面，一不小心，将獐与鹿掉进大海，一声巨响，生出相距4海里的两个海岛，鹿生出的叫鹿岛，獐生出的叫獐岛。獐岛面积0.96平方公里，马蹄状的弹丸之地，四周被滔滔海水包围，悠然漂在茫茫的大海上，就像一只抛了锚的小船儿，多少透着几分神奇。

家乡美

第一次远离喧嚣都市，融进这个没有机动车、电话、电灯、饭店、旅馆和文化娱乐场所，没有噪声，没有污染的小岛，心中陡生置身于世外桃源之感。分外的宁静和优美的自然风光，深深地吸引了我，在心中默默地爱上了它。

我们工作队在小学校旁边的几间平房里，门前是一个偌大的学生操场，面向浩瀚的大海。清晨，我常常早早起来，站在操场边，迎着朝阳，呼吸着清新的空气纵目远眺，茫茫大海汪洋一片，天蓝蓝，水蓝蓝，天连海，海连天，海天无边。天际渔船星星点

碧水蓝天

点，知向谁边？心里就像打开了两扇窗。成群结队的海鸥，吵着叫着，一会儿从水面惊飞，腾空而起，一会儿俯冲下来，跟着潮汐寻觅食物，是那样的自由自在。曾记得第一次跟船出海“参加劳动”，在风浪颠簸中捕捞，我呕吐不止，船员把喷着香气的炖鲜鱼端到我面前，就是瞪眼吃不下。夜间，我躺在摇车似的船舱里，晃晃悠悠，久久不能入睡，又在翻腾的涛声中醒来，这时我才读懂了渔民们“铺水盖浪”的辛苦。满载而归的渔船收港了，那灯火辉煌的渔港会让你陶醉其中，港上人来车往，轰轰嚷嚷，抬着鱼筐的渔民吆喝着从船上走下来：“让开一点，让开一点。”卸货的买货的，还有给船上加淡水送粮菜的，准备下潮水再走……平常寂静的渔港码头瞬间变活了，活得一派喜悦一派繁荣。趁着枯（落、退）潮，那些挽着裤褪，提着蛎钩和蚬筢的妇女和孩子们，便三五成群，叽叽喳喳地朝海岛周边的王八砣子、香炉礁等裸露水面的礁石奔去，捡海螺儿、扒蚬子、抠石蛎，噼呖啪啦地抠扒声与嬉笑声在海风中飘来飘去。山、水、船、人，织成一幅渔村画卷。碰上空闲时间，我也跑到海边凑个热闹，那个开心劲儿啊，语言倒显得那么苍白无力。

二

潮水不等人。“出岛了，买粮买菜的快走啊！”老船长沿街催促吆喝着。于是就有男人、妇女、半大小子，或大步流星或带小跑儿，朝北口码头奔去，搭脚出岛采购。没有工夫出岛的，也有今天你给我捎，明天我给你带。岛内可耕地面积很少，村民既不种粮也不种菜，粮菜全靠内陆购进。无论哪条船出岛，都这么招呼着，谁都不计较什么。

快到冬季了，岛上人像内陆人渍酸菜越冬那样，把小鱼小虾盐了晒干。于是山坡、路旁、海边的岩石上就有些鱼虾晒在太阳光下。老天常常变化莫测，有时亮亮的天空，突然乌云密布，竟神奇般地下起了雨。不用担心，晒鱼的主人不在家，邻居会把鱼虾替你收回家。海岛人是邻也是亲，青年男女婚嫁，基本不“出口”也不“进口”，亲带关系盘根错节。邻里友善，互通有无，谁家有大事小情，喊一嗓子就有。家家户户昼夜不关门，自由进出，却没有赌博和偷摸的，过着“马放南山，刀枪入库”的太平日子。到了晚上，有早早睡觉也有串门的。碰上当地驻军发电演露天电影，男女老少欢欢喜喜奔来，有自己拿条小凳坐着看，也有稳稳当当立着看，津津有味地享受着银幕上的热闹。

吃“百家饭”的工作队轮到哪家，哪家就把最可口的饭菜端上来。柳大妈家那去盖去脐掰开的盐小蟹子，撒上喷着香气的烤辣椒末，那味道才真叫回味无穷！至今吧嗒吧嗒嘴，还觉得余味儿犹存呢。

獐岛雪景

三

西口悬崖峭壁下，有一条涨潮了跑船、落潮了方可徒步跨越的大潮沟。跨沟上滩可通旱路出岛，或入旱路过滩跨沟回岛。天寒地冻的一天，在岛外工作队开完会，我与工作组长和检查工作的队长 3 人急于返回小岛。因为没船，就从兴隆山起旱向西口走去。一段旱路之后，踏上必经的浅滩冰排。夜幕渐渐拉开，心添几分恐惧，怕的就是涨潮。人世间许多麻烦常常在恐惧中发生。冰排下突然发出“嘎吱嘎吱”的声响，像要塌下去。“不好，涨潮了，快走！”我惊呼一声，大家加快了脚步。眼瞅到了潮沟边，沟里却已涨满了潮水。回头一望，茫茫的冰排伴着越来越急的响声不停地游动着。“这下可完了！”我们绝望地叫起来。前无出路，后无退路，已经进入死地。情急中我突然发现小岛海拔 71.1 米高地上亮着一盏灯，乐得差点跳起来，急忙通知了大队部。

小獐岛历来是兵家必争之地。1952 年 4 月 3 日，渔民杜福田、杨从明等，在西口东盛网房活捉美国特务的惊险场面还历历在目。接到通告的大队干部，立即带领民兵乘船，警惕地朝西口搜巡过来。我们远远望到驶近的船只，绝望的心情才慢慢放了下来：“我们在这里——我是工作队小刘——”声嘶力竭地呼救声划破夜空传到船上。渔船加足了马力，快速驶到我们跟前，我们得救了。他们深情地说：“这太危险了。”恩德千百，救命为大，我感动地流下眼泪，第二故乡给了我第二次生命。

风景这边独好

正在饭店门前瞭望潮头的老村长，一眼从人群里认出我，喊声打断了我的回忆。他紧紧握住我的手摇着，“这不是工作队小刘吗？还不见老，回来看看好，快四十年没见面了，想啊！”他眼里闪出了泪花，我也眼圈含眼泪。我们都老了，没有了当年却仿佛又回到了当年。

晚上我住在老村长家，唠到半夜。如今的獐岛发生了翻天覆地的变化，而唯一不变的是美丽的海岛风光和淳朴的民风。第二天我要走了，老村长送我一包干鱼，我推辞不受，他一副诚恳：“你回趟家拿点土特产品算个什么？心意，心意！”顿时，一股暖流涌遍我的全身。这里有想念我的人，也有我所想念的人，不管现在和将来我走到哪里，这里永远都是我的第二故乡。

◉ 民间传说

杨二郎挑山填海[①]

提起黄海之中的獐岛和鹿岛的来历，还有一段杨二郎追太阳的故事哩。

杨二郎是玉皇大帝和王母娘娘的外孙子。还在他吃奶的时候，不知他母亲犯了什么天条，叫玉皇大帝贬了，压在凡间的一座大山底下，只能喘气儿不能翻身。

杨二郎长大了，知道母亲被压在凡间，一心想把她救出来。

这天，他背着玉皇大帝和王母娘娘，下到凡界，找到压他母亲的那座大山，亮起三尖两刃刀，一刀砍去，哗啦啦……山裂了。

杨二郎进去一看，他母亲躺在石缝儿里，虽说还喘气儿，但一点力气也没有了，身上长满白色的翳毛。杨二郎把母亲背出来放在山坡上，想叫太阳晒晒，去去霉气，晒掉翳毛。那时候，天上总共有十二个太阳，它们轮着班儿。

玉皇大帝知道了杨二郎劈开大山救了他的母亲，就传旨给十二个太阳，一齐出来，把他母亲晒死。这十二个太阳一齐出来了，把身上的火全喷了出来，河水晒干了，石头晒化了。杨二郎的母亲没用上一个时辰，就烧得连骨头渣都没剩。

杨二郎一见太阳把他母亲晒化了，气得眼睛发红，提起三尖两刃刀要跟十二个太阳拼命。杨二郎力气大，那刀又是宝刀，太阳打不过他，“噗通！”叫杨二郎砍了一个，“噗通！”又是一个……一连砍了十一个，都用太山压住了。

---

① 王荷清搜集整理，原载于中国民间文学集成辽宁卷《东沟资料本》。

落日余晖

剩下的那个太阳，眼见得也要没命了，一头钻进蚂蚱菜下面藏了起来。杨二郎摸着黑找了一夜，没找到。

第二天一早，这个太阳仄愣起耳朵听听，一点儿动静也没有！以为杨二郎走了，从蚂蚱菜底下钻出来，一露头，天亮了。天一亮，杨二郎看见了，三步并作两步跑过来，举起三尖两刃刀就砍。

这个太阳一见大势不好，往高处一蹿，撒腿就跑，从东往西，连滚带爬，跑得可欢了。杨二郎随后就追。太阳爬过一座座山，杨二郎也蹦过一座座山，太阳滚过一条条河，杨二郎也跳过一条条河。眼看要追上了，前边一片大海拦住了去路。太阳踏着海浪，像走平地似的，杨二郎没练过在海上的功夫，跨不过去，也跳不过去，只好在海边停下来。

杨二郎眼瞅着太阳越跑越远，急得直搔脑瓜皮，怎么办呢？他想了一阵，有了，用山把海填上，就能追上太阳。想到这，伸出两只手，一只手抓住一座山，一使劲儿，“咔巴咔巴”连声响，两座大山就叫他抓起来了，随手扔进大海里。往前一看，太阳还在前边，追不上，回头又一只手抓了一座大山，扔进大海里，太阳仍然在前边，还是没追上。

杨二郎急眼了，横过三尖两刃刀，用刀尖儿往东边一座山的山腰上一插，“通”的一声插进去了。又用刀把儿往西边一座山的山腰上一插，“通”的一声插进去了。他肩上挑着山，手里提着山，往海里填。

这时太阳还在前边紧跑，杨二郎在后一边填海一边追，还是追不上。杨二郎一看，不行，这么来来回回地挑啊提啊，耽误工夫，得另想个好办法。

杨二郎跑回天宫，正赶上他姥姥王母娘娘睡晌觉，腰带子和头绳儿放在床头上。杨二郎知道王母娘娘身上穿的戴的都是宝，顺手把腰带子和头绳儿拿了出来，迎风一晃，腰带子变成了一条鞭子，头绳变成了一条鞭梢儿。

杨二郎把鞭梢儿接在鞭子上，出了天宫，下到凡界。他把鞭子一晃，“哗啦啦啦！”地动山摇，一群大山跟头把式地往海里跑，就像赶了一群绵羊似的。

就这样，杨二郎挑着山，用鞭子赶着山，不大功夫，就把大海填平了几十里，眼见越追越近了。

谁知，半路杀出个老龙王——因为杨二郎填海搅闹了龙宫，水浑了，龙子龙孙呛得翻白了眼，龙王爷受不了了，传令虾兵蟹将出海抵挡。抵挡不住，龙王把三公主叫了出来，向三公主秘密授一条计策。

这时候，太阳已经跑过大海了。杨二郎还是挑山，赶山，不停地追呀追，突然看见一个大姑娘，拎着个小竹篮儿，娉娉婷婷地来到杨二郎跟前，恭恭敬敬地向他道了个万福：

“听说你填海追太阳，为母报仇，真是孝子，英雄！可是你一定饿了，渴了，我特地给你送来酒饭，你吃饱喝足了，再填海追太阳也不算晚。”

杨二郎心想，在这大海边上哪来的姑娘？许是什么精灵变的吧！就问：

“你是谁家的姑娘？”

姑娘低下头，两眼瞅着脚尖，轻声轻语地说：

“我是龙王的三女儿。”

杨二郎一听，可乐坏了！因为王母娘娘早给杨二郎订了亲，媳妇儿正是龙王三公主，他俩过去没见过面。这时候杨二郎眼珠子不转地看三公主，真是再俊不过了，天宫里没有一个能比得上龙王三公主的！心想，我有这么个媳妇儿，算是心满意足了！就放下肩上挑的两座山，停下赶山的鞭子，又把鞭梢儿解下来，绾了两绾，掖在脑后的头发里。

三公主叫杨二郎看得小脸通红，忙低下头，掀起小筐盖儿说：

“快吃点儿喝点儿吧！”

杨二郎放下心，不管三七二十一，大吃二喝起来，不一会儿就把饭菜吃光了，酒也喝光了。这时候，他要跟三公主成亲，把填海追太阳为母报仇的事儿忘得一干二净。三公主羞羞答答地说：

“成亲也得像个样儿，看你的脸脏得描儿画儿的，头发乱得像一摊乱苞米绒子，多难看！你洗洗脸！”

杨二郎真的用海水把脸洗干净了。三公主又说：

“来，我给你梳梳头！”

杨二郎乐得三魂都出窍了，把头低下，让三公主给梳头，三公主三梳两梳，把鞭梢儿梳出来，藏进怀里。还没梳完头，杨二郎觉得天旋地转，“哎哟——”刚出了这么一声，“扑通！”倒了！三尖两刃刀压在了身底下。原来，那饭里、菜里、酒里都下了蒙汗药。三公主见杨二郎倒了，去拽压在杨二郎身下的三尖两刃刀。杨二郎的身子重，三公主怎么也拽不出来。估计蒙汗药的药性过劲儿了，该走了，心里不大是滋味儿，不管杨二郎能不能听见，说了声：

“实在对不起你，以后等俺爹给你赔不是吧！”又看了杨二郎几眼才难舍难离地进了大海。

药性过劲了，杨二郎醒了，一看，三公主没有影了，连叫了几声，连个回音也没有。一抬头，看见太阳已经过了大海，快钻进西山里了，这才. 想起为母报仇的事儿，连忙爬起来，拿起三尖两刃刀和鞭子，挑起两座山，又把鞭子一晃，可是那群山一座也不动弹。杨二郎火了，“啪！”一鞭子抽在一座大山上，把那座大山抽了个大豁子，还是不动弹。相传这座有豁口的大山，就是如今大孤山的垭口。

杨二郎见鞭子赶不动山，冷丁想起鞭梢儿掖在脑后的头发里，伸手一摸，没有！再摸，还没有！掉在地上了？在地上找了一阵，还是没有！这才知道上了三公主的当。他扔了鞭子，用肩膀挑山填海追太阳。

眼瞅着太阳钻进了西山，追不上了，杨二郎一泄气，缓了劲儿。这一缓劲儿，一座山从三尖两刃刀的一头“掳”了出去，这头一“掳”，那一头的山也“张”了出去，“掳”出去的那座山，人们管它叫“掳”岛。后来嫌这“掳”字不好听，就用了谐音——鹿岛；“张”出去的那座山，自然就是如今的獐岛了。

杨二郎挑山填海，忙活得靴子全灌满了泥沙。眼看太阳跑没影了，挑的山也掉进海里了，这时候才顾得上脱下靴子，往海滩上一倒，西只靴子里的泥沙便成了一座小山，相传那就是如今的沙碛子（在东港市黄土坎镇南的海边上）。

八差仙女①

传说，杨二郎赶山填海，因为挑山担“掳”了，挑的两座山掉进海里，变成了“张岛”和“掳岛”。后来岛上住了人，就把“张岛”改成了“獐岛”；把“掳岛”改成了“鹿岛”。

人世间平白多出了这两座海岛，派谁看管呢？玉皇大帝为难了。太白金星进言道：

“八差仙女最爱游山玩水，我看就让她去吧！”

八差仙女是玉皇大帝的小女儿，最受玉皇大帝的宠爱。这两座海岛风光最秀美，让爱女去感受感受也好，于是便批准了太白金星的奏章。

① 陶勉搜集整理，原载于《鸭绿江流域民间故事集》。

八差仙女来到凡间，轮流住在两个岛上。与鸟兽为伴，同鱼虾相戏，免去了天庭戒律的禁锢，减少了迎来送往的应酬，日子过得倒也怡然自乐。

这一天，八差仙女发现有只小船在獐岛以南的海面上漂着，看样子是打渔的。怪的是从船上传出小孩的哭声，一阵紧似一阵，老也不住，听了让人心焦。

八差仙女毕竟是个女流之辈，对小孩有一种天性的喜爱。听到孩子的哭声，她的心就揪起来了，睁开慧眼一望，看到上有个青年，长得很英俊，他怀里抱个婴儿，左右不住地摇晃，可总止不住婴儿的啼哭。那青年光顾哄孩子，船已经漂进深海了，等到发现，想划也划不回来了。小船浪上浪下不住地颠簸，眼看就有覆没的危险。

见这情景，八差仙女动了恻隐之心，折下一条柳枝，手一挥，那只小船像被绳牵着似的，滴溜溜朝岸边驰来，不多会便在港湾停下来。

八差仙女摇身一变，成了一个美丽纯朴的渔家姑娘，来到船前，招呼说：

“这位大哥，你为什么不把孩子留给大嫂看管，一个男人家照顾得了吗？”青年男子这时才发现有人站在跟前，他上下端量一番，忧愁地说：

“我家里人都得瘟病死了，丢下这个孩子没有奶吃，又离不开手，闹得我实在没有办法！”

八差仙女说：“既是这样，你若不见外，往后我帮你照看。”

青年惊异地说：“你我素不相识，我怎么好麻烦你？”

八差仙女说：“我就住在前面岛上，闲着没事，帮帮你也是应该的，不知你家住什么地方？”

《仙女的传说》壁画

青年男子说：“我就在那山坡上，平常下海打鱼，丢下孩子没人看，这日子太难过了！”

打这以后，青年天天下海打鱼，八差仙女在家给照看孩子，做做家务活。那小孩有人看，一天天大了，非常招人喜爱。同时，青年对八差仙女也有了爱慕之情，八差仙女更喜欢这小伙子。两人终于结成了夫妻，过着美满的生活。

好景不长，八差仙女和青年套民结成夫妻的事被玉皇大帝知道了。玉皇大帝非常恼怒，他打发杨二郎把八差仙女找回来，问她说：

“听说你和人间男子结成了夫妻，果然有这等事吗？”

八差仙女只得承认道：“有这事。”

玉帝问：“你可知道这为天界所不许，为什么有意忤犯天条？”八差仙女说：“只因卑女那天看守大海，见一小船漂浮海上，一个青年抱个婴儿，那婴儿啼哭不止，后来船到岸边，我问他究竟，他说妻子已死，以此，卑女才日夜帮他照料，幸好孩儿日渐长大，卑女总算帮人间做件好事了。”

玉帝又问：“你为何与那男子结为夫妻？”

八差仙女说：“男女相爱本是天上人间常事，况且他为人忠厚，以打鱼为生，确实也需要有人扶侍，卑女没有失职。”

玉帝勃然大怒：“好个大胆的贱人，人神不同，天地有别，你自视轻贱，直到如今还不服罪……”

正待说下去，杨二郎从旁插嘴道：“天帝息怒，八差仙女蒙罪在身，群神共睹，确应严办，姑念她还有体恤蚁民之情，既往又堪称恭谨，不如暂且饶她一次，自即日起与那渔民割断情肠，仍驻獐岛鹿岛，若要重犯，再严惩不迟。”

玉帝觉得杨二郎的话也有些道理，就问八差仙女：“你能做到吗？”

八差仙女虽然满心的不愿意，但慑于玉帝的威逼，只好怯懦应承下了。

阳光普照，海浪翻滚，水鸟这飞那飞，她想丈夫，想孩子，想那个住过的茅草房……八差仙女不顾忤犯天条，又来到了孩子的身边。好日子春去秋来容易过，眼看着孩子在母爱中一天天长大起来，一家三口其乐融融，再也不想返回天庭了。

谁知，一场意想不到的灾祸飞来了。

一天，青年渔民与八差仙女都出门了，土地佬巡察到他家，见孩子哇哇直哭，一时发了恻隐之心，掘了一块面糊糊塞进孩子嘴，孩子一口气没上来呛死了。青年渔民和八差仙女逮住了土地佬，非要叫他给孩子偿命不可。土地佬“土遁”逃脱出来，跑到天庭告了八差仙女一状。玉帝一听，龙颜大怒，就派杨二郎下界惩处八差仙女。杨二郎匆匆赶来，见到八差仙女，呵斥道：

“先前我设法给你开脱，谁料你痴心不死，惹是生非，你已不宜列居天庭，倒不如给你找个去处吧。”说完，用三尖两刃刀挑起鹿岛的一块山石，将八差仙女压在下面，这块山石变成了一座礁坨，这就是如今的麒麟礁。

每到秋天，岛上的花草树木变黄变红，在这个背景映衬下，麒麟礁别有一番韵味：它的头微仰，双目微合，四肢伸展在礁丛里，仿佛在享受海泥浴。礁体显出一丝丝润晕，与蓝天白云互偎，与潮涨汐落相谐，显得祥和而镇静。八差仙女身受重罚，仍不忘护佑这一方水土一方人。

海神娘娘[①]

凡来獐岛的游客，特别是渔民，都要怀着崇敬的心情，攀上西山顶，到海神娘娘庙观瞻、膜拜。

中国南方称海神娘娘为“妈祖”。姓林，叫林然娘。原是宋代福建省莆田县湄洲湾的民间女子，因有预知气象变化、驱邪治病和泅水航海的特异功能，又心怀慈悲，经常下海救助遇难的船舶，所以，极受沿海和远近人们的敬重和爱戴，被称为“龙女”“神姑”，每条船都供奉着她的牌位。

在中国民间，关于妈祖的传说很多很多，不同地区还演绎出不同的内容。比如在獐岛，就流传着这么一个美丽的故事：

有一回，一条货船受了气（指遭遇风浪的袭击），三更半夜的，冷丁来了场大风，下了大雨，鸡蛋大的雹子劈头泻，大浪就像

海神娘娘得道仙真石碑

① 高秉环讲述，王荷清整理，原载于中国民间文学集成辽宁卷《东港资料本》。

小山一样，把货船一下子掀到浪尖儿上，一会儿又掉进浪窝里。船上的人慌神儿了，把几个大锚都下了，挖底浪把大船掀得上来下去，顶不住了。可船的人哭爹喊娘，这回可完了!

在这时候，迎面来了一盏灯，越走越近，到跟前一看，是一条大船。别看风浪那么大，那条大船就像没有事儿一大船上有人问货船："你们怎么了"

"受气了!"

说话的功夫，大船上把流子（缆绳）扔了过来，货船上的人接过流子，七手八脚地把流子绑在大桅上。大船开了，拖着货船走。别看大风呜呜响，大雨一个点儿下，鸡蛋大的雹子劈头沔，那条大船一点儿不在乎。货船上的人也觉得船稳当了。

约摸走了半个时辰，大船上有人喊："进坞了，把流子解下来还给我们!"

货船上的人刚要动手解流子，大船上又有人说：

"拉倒吧，咱们船上有的是流子，不要了!"

接着就听见斧子砍绳子的声音，那条大船一直往前开走了。货船上的船老大吩咐下锚，用篙一探水，才三尺来深，这是到了什么地方？船上的人都说：

"多亏那条大船，要不，咱们早都见龙王爷了!"

天亮了，风停了，一看，这不是獐岛北口船坞吗？船老大挺奇怪，起风下雨的时候，离獐岛少说也有三百里、四百里的，怎么这样快就到了？　再一看那根流子，哪是流子，是一根砍断了的红头绳!

船老大明白了，是海神娘娘显灵救了我们。连忙置办了香纸供品，下船到海神娘娘庙谢神。进了庙一看，前殿挂的那条雕刻的大船模型，船底儿还直滴巴水呢!

獐岛和鹿岛的传说[①]

獐岛和鹿岛像镶嵌在黄海里的两颗明珠，它们是怎么出现的呢？有的传说是海水往下退了，才露出这两块地方。有的传说是，天上陨落了两颗星星，掉在了黄海里，才形成了两个小岛子。哪种传说对呢，咱们拣一个最优美的传说讲讲。

当然是一个古老的传说。在一个春天，天帝差遣两个仙女下凡。这两个仙女，一个是主宰虫鱼鸟兽的，一个是主宰花草树木的。她们两个下凡到人间，是要查看

① 根据中国民间文学集成辽宁卷《东港资料本》整理。

象征獐岛、鹿岛互相依恋的石头

一下万物生长的情况。因为她们都是女神，怕泄露天机，一个变成獐子，一个变成鹿。那时候的黄海岸边，虎豹咆哮，虫鸟鸣唧，树木参天，花芳草艳，美透了。两个仙子一会儿登上山顶，一会儿钻进丛林，一会儿跃进峡谷，一会儿又窜到大草甸子里，好不快活。她们吸着人间清新的空气，游览山川美丽的景色，觉得比在天上自由自在多了。

两个仙女变成的獐、鹿，正在林子里闲逛，忽听远处一阵风声作响，她们俩猛一回头，只见一个威武的猎手，正在驱赶一群野羊。那野羊被赶得东零西散，没命奔逃。当猎手发现眼前有一獐一鹿时，便放弃了野羊，奔獐鹿来了。因为他发现，这一獐一鹿和普通的獐鹿不一样。那獐子一身金黄，闪闪发光，那鹿，全身梅花斑点，光滑的像锦缎一样。獐子有珍贵的麝香，鹿有名贵的茸角，怎能把她俩放掉呢？猎手奔两个仙女来了，两个仙女吓懵了，只得没命地奔逃。那猎人哪里肯放，紧紧地追赶。飞过山顶，没有把猎人甩下；穿过丛林，没有把猎人甩下，跃过峡谷，没有把猎人甩下；窜过草甸，还是没有把猎人甩下。两个仙女继续地向前奔逃，猎人继续地紧紧追赶。山走到头了，丛林钻到头了，草甸子窜到头了，前面是波涛翻卷的大海。

两个仙女既不敢现原形，又不能进行哀求，眼见猎人就要追上了。“飕飕”两箭，一只射进了獐子的咽喉，一只射在鹿的心口窝上，只要猎人再抢上三五步，就可以把她们两个捉到。就在这万分紧急的关头，獐和鹿使尽最后的气力，跃进了大海。

大海溅起了冲天的浪花，云飞雷炸，山呼海啸。海面上浮起两座岛屿：一座像獐，一座似鹿。两个仙女再也回不到天庭去了，变成两个岛子，在岛子繁育起虫鱼鸟兽，花草树木。

猎人呢？他误伤了两个仙女，受到天帝的处罚，把他贬为巡海的夜叉，守卫着两个仙女岛，让万物茁壮生长。

会预报天气的江猪[①]

獐岛海面有不少礁盘，形状没有重样的。其中有一个叫老猪礁的礁石，长得就像个老母猪，獐岛人都叫它老猪礁，在它身前身后，还围着一群小礁石，就像一群小猪仔。最奇怪的是，每个月的初三水十八汛（大汛潮），只要老天闹风，老猪礁南面大海里，不知从哪拱出一群江猪（江豚），追风压浪，点头喷水，就像是给老猪礁汇报演出一样，这是怎么回事呢？

老母猪礁

① 作者栾德君，原载于2016年6月《鸭绿江晚报》。

原来，獐岛人世代以捕鱼为生，他们最怕老天闹风。早年，没有收音机，没有电视，更没有手机，国家也没有天气预报。老天下不下雨，刮不刮风，全凭老天心情。茫茫大海，船小浪大，出海打鱼，九死一生，只能听天由命。为了讨个平安，渔民们在岛上盖起了海神娘娘庙，按时祭拜，祈求娘娘保佑平安。每年正月十三，他们先给海神娘娘送海灯，正月十五才给祖宗送灯。海神娘娘为了保佑渔民安全，从南海请来了能预知老天起风的江猪。江猪来到獐岛后，只要渔船出海，它们就跟在渔船后面出海，每当老天起风前，江猪就会面对来风方向，在水中抬起头，迎风游动报警。渔民见到江猪报警后，就赶紧收网，把船驶进码头避风，风过以后，再出海打鱼。自从江猪来到獐岛以后，渔民比过去安全多了。多少年过去了，老江猪渐渐老了，再也没有力气随船出海了，只好在獐岛周围给岛上的渔民们预报天气。后来老江猪死掉了，海神娘娘为了表彰它的功德，就把老江猪变成了礁石，又撒了一把石子，变成了小猪模样的小礁石，陪伴在老礁石身边。

老江猪虽然变成了礁石，但灵性还在，每逢大潮刮风天，老猪礁就呼唤海里小江猪们，来到老礁石面前，让它们追风压浪，跳跃滚动，告诉渔民，“天变了，出海不安全”。老猪礁自己也抗击起伏的风浪，发出哗哗的巨响，告诫渔民，此时不要出海。而身上浪花的高度，则显示的出海风的强弱大小，就像天气预报播报风有几级一样，渔民一看，就知道能不能出海了。老猪礁，生生死死，都尽心尽力地佑护着獐岛赶海的人们。

◉ 绘画　书法

东港，被文化部命名的“中国民间文化艺术（绘画）之乡”。东港，包括东港辖属的北井子镇獐岛村，文化艺术氛围浓厚，文化人才（尤以书法绘画）出类拔萃。《獐岛村志》中收录的绘画书法作品，绝大多数出自于獐岛隶属的东港市一些具有较高知名度的画家和书法家之手。这些美术家、书法家经常结伴深入到民风质朴、风景如画、被称作中国万里海疆北端起点第一岛的獐岛渔村采风、写生、作画。他们为獐岛优美的自然风光和人文景观所动，有感而发，挥毫泼墨，画出了许多赞誉獐岛优美风光和社会生活的画作，并将这些优秀的绘画作品虔诚地奉送给獐岛渔村。

画作中，国画《东方晨曦》出自东港画院院长、美术研究员于瀛增之手。他作为一名中国知名画家，经常带领他的学员到獐岛写生作画。

于瀛增国画作品《东方晨曦》

来自沈阳的画家徐京强，深深地为獐岛浓郁的文化氛围所感动，有感海岛渔村改革开放带来的新变化，利用到獐岛旅游度假的机会，将他创作的国画《奔马》赠送给被称作獐岛领头雁的村党支部书记张忠有。

徐克强国画作品《奔马》

国画《大展宏图》，是中国书画家研究院一级美术师、东港市九州画馆馆长杜国生，为纪念甲午战争120周年，为獐岛村而作。

杜国生国画作品《大展宏图》

在位于獐岛村后口码头的小山上，耸立着一座大气秀美的仿古建筑——东运阁，东运阁顶层牌匾上清秀、明丽的“东运阁”三个耀眼的大字，出自被称作“獐岛女婿”的钟善民之手。钟善民是中国硬笔书法家协会会员、东港市书法家协会副主席兼秘书长。獐岛是钟

钟善民书法作品《东运阁》

善民的第二故乡，早年曾在獐岛小学当过教师，岛上许多渔民都是他当年教过的学生。他喜欢獐岛，扎根獐岛10年，并娶了岛上的渔家姑娘为妻。年逾古稀的他欣然为东运阁挥毫题字，借以寄托他浓浓的乡愁和对獐岛父老的感恩之心。

另外，在獐岛村收藏的书法精品中，还有一副名曰《獐岛赞》的书法作品。这幅作品是2016年宽甸县一位叫贾亮的诗词爱好者，有感獐岛秀美风光和渔民勤劳淳朴民风，即兴吟出的一首赞美海角獐岛的七言绝句，诗中写道："万里渔乡第一屯，沙埋宝石网捞银"。体量小岛方三户，个个担山填海人。吟罢，即被中国书法家协会会员、国家二级美术师、东港市著名书法家孙道俊写成了一幅书法作品，赠给了獐岛村委会收藏。

孙道俊书法作品《獐岛赞》

杜生元书法作品《志存高远》

獐岛山美水美人美。獐岛虽说只是一个渔村，但文化氛围浓郁。勤劳智慧的獐岛人不仅喜爱绘画书法艺术，而且许多书法绘画爱好者都喜欢收藏一些名家的书法绘画作品。岛上好多家宾馆饭店，包括一些农舍客栈的墙壁上都装饰精美大气的书法美术作品。这其中，有国家级美术师杜新元的书法《志存高远》、书法家鸿翔的书法《海上明珠》，北京画家金之飞的国画《雄鸡一唱天下白》等。

文化艺术是连接獐岛与全国各地画家、书法家的桥梁和纽带，獐岛人时刻期待有更多的文人墨客相约獐岛，到大美渔村绘画、写生、创作。

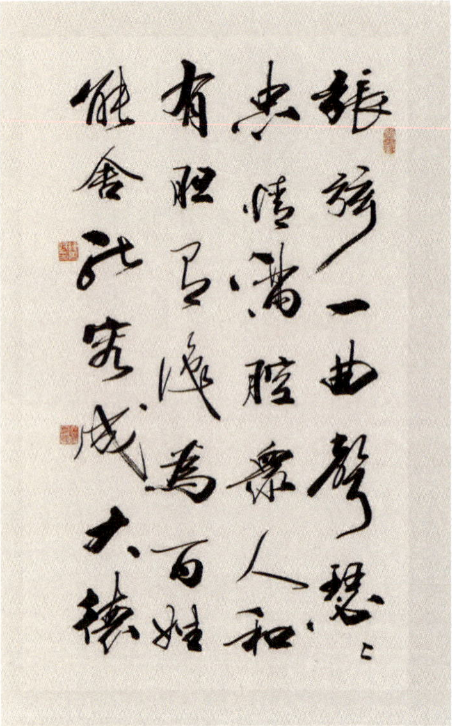

敏之书书法作品

金之飞国画作品《雄鸡一唱天下白》

鸿翔书法作品《海上明珠》

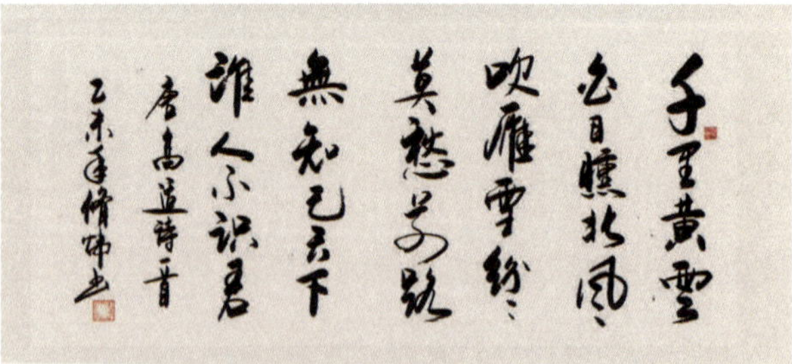

修炜书法作品《唐・高适诗一首》

万斌书法作品《上善若水》

乡贤人物

獐岛，黄海中的一个小岛，渔民世代捕鱼，与大海搏击，形成智慧、勤劳、勇敢的渔家情怀。受中国传统文化、革命战争的洗礼和中国特色社会主义先进文化的熏陶，獐岛村涌现了一批批令人称赞、值得一记的人物。他们中有参加过解放战争和抗美援朝战争的老兵，有辽宁省劳动模范，有驻岛加强连的连长，有默默为獐岛做贡献的大工匠等。是这些乡贤人物，为国家和平、为獐岛村的发展做出了突出贡献。他们的事迹可歌可泣，他们的精神助力着獐岛村民建设美好的家园。

该类目设有“人物传略”和“功臣与獐岛”，将獐岛村的乡贤人物予以记述。

獐岛乡贤人物，没有惊天动地的业绩，在平凡中，留下可歌可泣的事迹，是獐岛宝贵的精神财富。

◉ 人物传略

张永顺

张永顺（1893—1986） 张永顺出生于1893年，家住在北井子农村，木匠，在獐岛结婚定居。虽然岛上也有盖房打屋、做家具的木匠活，但是活不多，难以养家糊口。于是，他开始学习修船、造船技术。

岛上王文千师傅，熟悉修船、造船技术，张永顺就虚心拜他为师。日积月累，张永顺的修船、造船的技术越来越娴熟，成了远近闻名的修船、造船的大木匠。

1958年，岛外的锦江渔业大队要造2艘15米长的大木帆船，本地的木匠没人敢接这个活。锦江渔业大队的领导想到了张永顺，请他造这2艘大木帆船。那时，当地不管造多大的木船，都没有图纸，全凭经验。张永顺领了5个木匠，到锦江渔业大队后，明确了造船的要求，就选木料。然后该锯的锯，该刨的刨，只用两个多月的时间，两艘15米长的大帆船就造好了。

张永顺93岁去世。他一生修船无数，造大帆船20多艘。他带出的徒弟宁奎乙等，后来都成了修船、造船的行家里手。

由兴教

由兴教（1925—2010） 1925年7月29日出生于獐岛村一个普通渔民家庭。1947年6月，安东县（丹东）解放后，22岁的由兴教报名参军，被安排到县保安团第五连当战士。是年春节过后，他与同村一起报名参军的张连作、张连荣、郭增、杨从礼等随保安团到本溪市草河口东北民主联军的训练基地，经过一段时间的整编训练，被编入东北民主联军独立三师当战士。1948年2月编入中国人民解放军第四野战军第42军126师某部当战士。1948年3月，他跟随大部队参加了辽沈战役中的四平战役。由于表现勇敢，由战士升任为班长，加入中国共产党。1951年，由兴教从部队复员，被安排到安东县长山区人民政府工作。1954年，调到北井子供销社工作，担任供销社主任。其间，他认真贯彻中华全国合作社第一次代表大会精神。1959年，由兴教由北井子供销社调转到安东县（东港市）水产供销公司，在公司的一条收购运输船上担任负责人。1980年，由兴教从安东县水产公司退休，在北井子镇安家落户。2010年11月27日，由兴教因病去世，终年86岁。

郭洪章

郭洪章（1925—2004） 1925年11月25日出生于獐岛。20岁以前在家族从事海上运输的货船上当船员。1945年开船到天津港卸货时，被国民党当局抓去当兵。他不愿为国民党卖命，不愿和解放军打仗，所以和一起被抓的郭元庆、郭元生商量，要想办法逃出去。三个月后的一天，他们找到一个机会，逃离了国民党军队，辗转到了沈阳，成为一名中国人民解放军战士，后来还当上了班长。1948年3月，郭洪章随部队参加第四次四平解放战役。1950年，随部队调防到广州。1954年复员时，组织上安排他在广州当海警。他那时家有妻子老小，便要求回家乡。组织同意后，他回到獐岛，在渔业队工作，负责为渔业队采购渔需物品和从岛外运输渔民的口粮等。几十年间，工作任劳任怨。2004年4月15日，因病去世。

张连荣（1926—2003） 1926年11月28日出生于獐岛。1947年11月，在安东县保安团5连当兵，在安东县城过完春节后转到草河口，编入中国人民解放军。参加过四

张连荣

平战役和辽沈战役。由于作战勇敢，表现突出，张连荣于1949年2月加入中国共产党。张连荣1950年10月随中国人民解放军第四野战军进入朝鲜，投入到举世瞩目的抗美援朝战争。在一次抢夺无名高地的战斗中，因战斗激烈，他过度劳累，吐血休克，被送往后方医院进行医治。在医院治疗不到半个月，疾病还没有痊愈，他就要求出院。未果，就偷偷离开医院回到部队。张连荣当过战士，担任过机枪排排长、副连长。由于作战勇敢，屡立战功，曾多次受过嘉奖。1955年，张连荣转业时，组织上要安排他到广东省公安部门工作，但他选择回到自己的家乡——獐岛村。张连荣回来后，积极投入到家乡建设中去，在渔船担任船长。他和船员同甘共苦，处处起带头作用，在渔民中有很高的威望。1958年，担任东方红渔业生产合作社党支部委员、主管生产的副大队长。张连荣严格要求自己，从不以功臣之居，向国家伸手要待遇。张连荣于2003年7月22日去世。

郭元庆

郭元庆（1927—2010） 1927年5月26日出生于獐岛。郭元庆的家族从事海上运输，他们将安东县（东港市）的豆饼、水产品之类的货物用船运到天津销售，再将天津的布匹、鞋袜等物品运回安东销售。郭元庆18岁以前在家族的货船上当船员。1945年，郭元庆等人被抓去当了国民党兵。后来逃走到了沈阳。到沈阳后，郭元生走失，郭元庆和郭洪章报名成为中国人民解放军的战士。后来，郭元庆还当上了班长。1948年3月，郭元庆随部队参加第四次四平解放战役。1948年10月中旬，锦州、长春先后解放，陷入被困之势的沈阳廖湘辉“西进兵团”的12个师，受蒋介石之命，企图首先夺取黑山，继而打通锦州，向关内撤逃。郭元庆随部队在大虎山、黑山一带预先设防，担任高地阻击任务。10月23日战斗打响后，经过三天战斗，郭元庆所在部队全歼廖湘辉兵团。1950年，随改编部队到云南剿匪。郭元庆参军8年，多次受到部队表奖。1954年转业时，西南军区要安排他到公安部门工作，可是他坚决要求回家乡，回獐岛后，除参加渔业生产，还担任民兵排长，组织民兵训练，巡逻执勤。郭元庆于2010年5月21因病去世。

张连作（1929—2010） 1929年出生于獐岛。1947年11月在辽宁军区安东县保安团5连当兵，在安东县城过完春节后转到草河口，编入中国人民解放军。参加过四平战役和辽沈战役。因作战勇敢，多次受到嘉奖。1950年3月加入中国共产党。张连作1950年10月随中国人民解放军第四野战军进入朝鲜，投入到抗美援朝战争，担任侦察排排长，多次圆满完成侦察任务。一次侦察排执行任务，张连作等潜伏于阵地前沿正密切观察地情时，被敌人察觉了。张连作举枪将敌人击毙。他因躲闪不及敌人打来的子弹，右胳膊肘关节中弹受伤，被认定为二级乙等残废。1954年7月张连作转业，组织安排他到安东县武装部工作，他没有去武装部报到，却回到家乡獐岛村，要为家乡建设贡献力量。1954年8月，被推选为獐岛村第一任党支部书记。当上书记以后，他更是以身作则，带领村民积极开展渔业生产，组织村民成立东方红渔业生产合作社。张连作于2010年8月去世。

张连作

张连祥（1929—2010） 1929年出生于獐岛。1948年参加中国人民解放军东北野战军，在炮兵部队当兵。张连祥入伍后，向老兵学习，很快掌握了炮兵技术。他随军参加辽沈战役后，转战平津战役。从1948年12月5日开始，到1949年1月31日，他和战友始终坚守在炮兵阵地上。1949年3月，东北野战军改称中国人民解放军第四野战军。张连祥在第四野战军北京守城部队当兵，曾任排长。由于张连祥作战勇敢，多次受到部队嘉奖。1956年转业回到家乡，担任獐岛东方红渔业生产合作社业务主任。2010年，张连祥因病去世。

张连祥

杨从礼（1930—2004） 1930年9月23日出生于獐岛村一个渔民家里。因家境贫寒，小学没有读完便上船出海作业。1947年6月獐岛解放后会同岛上的张连荣、张连作、郭增等一批热血青年报名参加了安东县保安团，并跟随保安团开赴本溪草河口整训。经整训，杨从礼被编入东北民主联军独立三师任战士。后来，独立三师被改编入中国人民解放军第四野战军，杨从礼被安排在该师某部机枪连担任轻机枪手。1948年3月，他所在的机枪连参加了四战四平战役。他所在的机枪连为第四野战军

杨从礼

大部队最终攻进四平街区做出了贡献。战后，他所在的机枪连受到上级机关嘉奖。1950年，朝鲜战争爆发。杨从礼所在连队作为首批参战的志愿军部队之一，奉命担负从安东（丹东）押运给养增援前线的任务。1950 年 11 月，杨从礼复员回到家乡，享受国家民政优抚待遇。

杨从礼从部队复员后，在獐岛东方红渔业生产合作社当一名普通社员。2004 年 9 月 14 日，杨从礼因病去世，享年 74 岁。

郭增

郭增（1931—2008） 1931 年 2 月出生于獐岛村一个贫困渔民家里。幼年父母双亡，在其叔父家长大。因家境贫寒，只读了三年小学，便在叔叔家干活。1947 年 6 月，家乡解放后，郭增报名参加县保安团，在安东县城集训并过完春节后跟随保安团到本溪草河口，然后又转至下马塘。经过整编训练，郭增被编入东北民主联军独立三师。之后，又被编入中国人民解放军第四野战军。先后在高射机枪营当战士，在 337 团团部给团长当通讯员，后又调到后勤汽车连任汽车班班长。解放战争期间，郭增曾参加过著名的辽沈战役和平津战役，跟随大部队从东北一直打到海南岛。由于作战勇敢，吃苦耐劳，曾几次受到连、营、团的嘉奖。1949 年 6 月加入中国共产党。1950年朝鲜战争爆发，郭增跟随中国人民志愿军首批跨过鸭绿江，同以美国为首的多国部队交战，战争结束后归国。1955 年夏天，郭增从部队复员回到獐岛，在獐岛东方红渔业生产合作社的捕捞船上当船工。1961 年春，郭增应招到丹东市水产公司，在一艘渔船上当轮机长。1982 年，郭增从丹东市水产公司轮机长岗位退下来。回到獐岛后，虽然身体经常饱受胃病和胆囊炎等多种病痛的折磨，但仍然默默无闻地为村里干一些力所能及的事，并以一名老共产党员的身份，关心教育下一代，深受村民的尊重。2008 年 3 月 28 日，郭增因病去世，享年 77 岁。

◉ 功臣与獐岛

驻岛建岛功臣杨忠贤（1931—1968） 1931 年 5 月出生于辽宁省庄河县（市）大郑乡（镇）一个普通农民家庭，因家庭贫寒，只读了两年小学。1947 年 11 月参加东北民主联军，继而担任中国人民解放军某部机枪连班长，参加过著名的辽沈战役。1950 年朝鲜战争爆发，他跟随其所在的38军某部“老九连”参加抗美援朝战争。在硝烟弥漫的朝鲜战场上，他英勇善战，升任为排长。1953年停战后，38军撤离朝鲜回国，杨忠贤所在的“老九连”奉命在朝鲜做收尾工作。1955年3月，“老九连”奉命进驻号称中国万里海疆北端起点第一岛的獐岛。不久，杨忠贤从薪岛团部调到獐岛加强连，担任副连长。1957年，加强连老连长调走后，杨忠贤升任连长。

杨忠贤文化不高，但口才很好，很善于做干部、战士的思想政治工作。为了教育战士守岛爱岛、扎根海岛、建设海岛，1958年春，由他提议并和连指导员胡志成共同创作了《小鹿岛连歌》，歌中唱到“我们战士日夜生活在这里，永远不疲劳；我们战士战斗在这里，勇敢把国家保。”在他的带动下，不仅全连官兵会唱这首连歌，就连岛上的村民也能传唱，起到了鼓舞战士守岛、爱岛、扎根海岛士气的作用。1959年夏天，加强连高射机枪排一位河北籍的副班长，抗美援朝时是志愿军某部的一个重机枪手，归国后来到加强连，组织上安排他改当高射机枪班的副班长，他一时想不通，一度情绪低落。杨忠贤发现这一情况后，多次找他谈心，并送他一本《中国共产党章程》，让他加强学习，争取早日入党。

獐岛是中国万里海疆北端起点第一岛，岛上的71.1米高地有“黄海第一哨”之称，战略位置十分重要。不管春夏秋冬、刮风下雨，不定时地到岛上各个哨位巡查，是杨忠贤给自己定下的雷打不动的硬任务。

杨忠贤曾夜里只身一人到岛上的71.1米高地哨位巡查，一位年轻的哨兵突然发现有人影向他所在的哨位靠近，因一时紧张便扣动了扳机。幸亏杨忠贤躲闪及时，才避免了一场事故发生。事后，杨忠贤没有过多地责备这位战士，而是以此案例为活教材，现身说法对全连干部、战士进行国防观念和军事素质教育，对提高全连官兵的综合素质，起到了一定的作用。

杨忠贤重视军民联防和拥政爱民工作，部队官兵与岛上渔民之间如同鱼水一样，关系十分融洽。岛上的连队卫生所对渔民全天候开放；岛上没通电时，部队的两台发电机轮流发电供军民使用；岛上淡水资源匮乏，他和指导员亲自参加义务劳动，先后在东口、西口以及部队篮球场附近打了3眼水井，供村民使用；20世纪60年代前，岛上不通电话，为了解决岛上渔民与岛外联系难的问题，杨忠贤多次请示上级首长，同意遇到特殊情况时，允许村民用军用电话与外界联系。

1960年，獐岛村与其他各地一样，处于生活“低标准”的困难时期，渔民家中不仅缺粮，更缺少油水。春节前夕，杨忠贤号召驻岛官兵节衣缩食，省下粮食接济困难渔民，还将连里饲养的一头100多千克重的肥猪抬到大队部，委托大队领导将猪肉分给社员，让岛上每一户人家过春节时都包上猪肉馅饺子。过完春节，岛上的渔民陆续要出海打鱼，杨忠贤又带领部分官兵到岛前海滩，冒着凛冽的海风，肩抬人扛，帮助身单力弱的渔民将停泊在滩上的渔船推进大海，开始新一年的捕捞作业。

杨忠贤在獐岛担任守备连连长8年，守备连连续多次被军以上单位授予“拥政爱民模范连”“‘三八作风’标兵连”“以岛为家的守备连”等荣誉称号。1958年，杨忠贤以中国人民解放军第50军代表的身份被推选为中国人民解放军和中国人民志愿军国庆观礼代表团代表，光荣地参加了在北京举行的国庆观礼阅兵仪式。1958年10月6日，在中南海，杨忠贤等观礼代表受到毛泽东、刘少奇、朱德、彭德怀等党和国家领导人的接见，并合影留念。

1964年秋，杨忠贤转业回乡，被组织上安排到庄河县商业局担任部门领导。“文化大革命”期间，杨忠贤遭到错误批判。1968年冬，杨忠贤平反恢复原职不久，因病去世。

“东港首富村”领头人杨秉记（1951—2007） 1951年2月出生于獐岛村。1986年12月9日加入中国共产党。1983—1998年，先后任獐岛村村民委员会主任、中共獐岛村支部委员会书记。

1967年，杨秉记从北井子中学毕业后，回獐岛渔业大队当船员。1967年下半年，杨秉记担任獐岛渔业大队出纳员。1980年，杨秉记接任獐岛渔业大队会计。1983年4月，

杨秉记

远眺忆先贤

召开第一届村民委员会选举大会，会上杨秉记当选为村民委员会主任。1986—1989年连续当选为第二届、第三届獐岛村村民委员会主任。1995年，当选为第五届獐岛村村委会主任。1992—1998年，任獐岛村党支部书记，1995—1998年兼任村委会主任。

杨秉记任职期间，和村班子成员一起带领獐岛村民从实际出发，发展经济，逐步改善岛内的基础设施。1986年以前，獐岛村渔民饮用水靠岛内打的几眼水井，天旱时渔民吃水困难，而且挑井水也比较麻烦。1986年，杨秉记得知国际红十字会有改造饮用水项目，于是向镇、县领导反映獐岛村的实际困难。争取到上级投资后，组织村民协助北井子镇自来水公司挖自来水管道，修建岛内的自来水水源地，使村民吃上了自来水。1988年以前，獐岛村靠发电机发电，电力供应不足，严重影响了渔民的生产生活。杨秉记急渔民之所急，积极争取上级部门的支持，并自筹300万元，在海底铺设电缆，接通陆地电源，结束了獐岛村靠发电机发电的历史。借款陆续用村公积金偿还，1993 年还清。1993 年以前，村里没有客船，影响了渔民进出岛和旅游业。1993 年，杨秉记和村干部商量，自筹资金，购买了一条 88.2 千瓦木质客船，命名为辽东客 9 号，獐岛村从此有了第一条客船。1994 年，獐岛村投资 50 多万元开通程控电话，成为丹东地区第一个电话村。杨秉记还组织村民修路，解决了渔民行路难的问题。

杨秉记任职期间，和村班子成员一起，转变观念，带领獐岛村民发展獐岛经济。1988 年，实行有计划的采捕，贝类资源得到恢复，产量逐年增加。1993 年，獐岛村贝类产值 1000 多万元，纳税 198 万元，村民人均年收入 5000 元，是全市农民人均收入的 3.5 倍。1994 年获“东港市首富村”称号。

由于杨秉记政绩突出,1994 年，被丹东市人民政府授予劳动模范称号；1995 年 4 月，被授予省劳动模范称号；1996 年，被中共东港市委授予“党支部书记标兵”称号；1996 年，又被中共东港市委授予“1995—1996 年度精神文明建设先进工作者”称号；1997 年，被中共丹东市委组织部授予“百村工程”活动先进个人。1997 年 11 月，杨秉记患脑出血，住院治疗 3 个多月。杨秉记于 2007 年 8 月病逝。

大事纪略

獐岛虽小，因地处中国万里海疆北黄海之中，历来为军事必争之地。獐岛从明末开始驻兵，1894年在其西南海域的中日甲午战争之黄海海战震惊中外。新中国成立后，中国人民解放军守备部队某部加强连驻守獐岛30多年，所有这些史实，自然成为本类目记述的重点。村容村貌的改观，村基础设施的建设与完善，也需浓墨重彩记上一笔；在獐岛发展的历程中，獐岛村在几任村主要干部的带领下曾获得了省、市和国家级诸多荣誉，这其中蕴含着獐岛村民的智慧和付出的回报，两任村主要干部也被评为辽宁省的劳动模范，是名至所归。獐岛被评为“中国最美休闲乡村”，其旅游景区被批准为国家AAAA级旅游景区，同样是獐岛人的骄傲。

海角獐岛，是华夏海洋文明的一个缩影。这里所发生的每一件大事、要事，都值得记载，以便借鉴。

◉ 獐岛西南海域发生震惊中外的中日甲午战争之黄海海战

清光绪二十年（1894）农历八月十八日，在位于獐岛和大鹿岛西南海域的黄海海面上，发生了震惊中外的中日甲午战争之黄海海战（亦称大东沟海战）。海战打响的那一天，岛上的渔民听到了隆隆的炮声，看到了滚滚的浓烟随风飘到岛上，并闻到刺鼻呛人的火药味。其中有一发炮弹还落到了獐岛酥（鼠）坨子上。

◉ 獐岛女民兵

獐岛民兵连创建于新中国成立之后。1958 年 9 月，在中共中央关于“全民皆兵”和“大办民兵师”的号召下，獐岛民兵连更趋完善。1971 年，獐岛民兵连设一个女民兵排。村里有三间空房，屋内南北两侧有用木板钉的通铺。晚上，女民兵在这里集中住宿，轮流在岛上执勤。早晨，各自回家吃饭。早饭后归队，由队长安排工作，或下地干活，或到码头卸货。夏季歇伏，女民兵开展集中训练。

女民兵排里有个女炮兵班，她们除了参加步兵训练科目外，还要训练八五加农炮射击。女炮兵班配有两门加农炮，岛上驻军派两名教官，负责指导女炮兵班练习瞄准、射击。她们在岛上的老母猪礁附近海面放了一只小船，小船上设一个靶子，用于练习瞄准。为了检验瞄得准不准，又不浪费炮弹，她们想出一个办法，把步枪绑到炮筒上，目标锁定后，就用绑在炮筒上的步枪射击靶子。如果打中了，就说明炮瞄得准；如果没打中，就说明没瞄准。经过刻苦训练的女炮兵班，练就一身过硬本领，在唯一的一次炮兵实弹射击中，女炮兵班发射 5 发炮弹，全部击中靶子，不光围观群众为之欢呼，连驻岛官兵也感到惊奇。

◉ 修建码头

新中国成立前，獐岛村只是一个贫困偏僻的小渔村，不仅没有港口，也没有像样的码头，渔民平日出岛只能选择方便停船的地方上下船。冬季枯潮期，岛上居民从西口用小船摆渡穿过流子到浅滩，再徒步“走旱路”至兴隆山出岛，逐渐在西口形成渡口。20 世纪 60—70 年代，东沟县（东港市）水产局为了方便收购海产品，在后口投资建立收购站和渔港码头。20 世纪 80 年代初，村里投资 50 万元对渔港码口进行扩建。扩建后的渔港码头为国家 3 级港口，可泊船 140 艘，卸货量 1.5 万吨。1988 年，獐岛村在东口的山坳处修建一座冷藏库，同时修建了东口码头。至此，獐岛村岛内有两处码头，即后口和东口码头；一处摆渡口，即西口渡口。

2009 年，獐岛村争取国家投资 3000 万元，自筹资金 1000 万元，在岛外北井子龙态河大闸下游修建集载客、餐饮、购物、停车、休闲于一体的国家三级新客运码头，包括 1000 余平方米的售票、候船大厅与 20 余延长米的专用栈桥和 3.4 万余平方米的封闭式停车场。2014 年，獐岛村又争取国家投资 3000 万元，自筹资金 1000 万元，在獐岛后口港建起占地 3600 平方米的旅游码头，包括售票大厅、候船大厅和旅游专用栈桥，从此解决了旅游旺季游客进出岛过于拥挤的问题。2011 年，为了解决岛上渔民冬季出行难问题，獐岛村争取国家资金 900 万元，新建岛外北井子冬航码头，后口摆渡口停用。

2004 年 6 月，獐岛村委会针对发展海岛旅游缺少客运码头，有关部门又限定时

岛上码头

间必须解决，否则将取消獐岛村旅游航运资格，并将航线转包给他人经营的实际情况，费尽周折，从丹东鸭绿江岸购置了一条闲置的趸船，并将这条可固定于岸边，方便船舶停靠和上下游客的趸船，拖至北井子龙态河大闸码头一侧的大坝旁，用作临时性的浮动客运码头。浮动客运码头建成后，獐岛村不仅保住了从北井子至獐岛这条黄金航线，而且还获得了可观的经济和社会效益。由于游客增加，獐岛村当年旅游客船的船票收入达 80 万元，为岛上开办餐饮服务业的村民带来经济效益 700 余万元。

◉ 1994 年荣获“东港市首富村”称号

1994 年 2 月 28 日，中共东港市委、市政府印发《关于授予獐岛村“东港市首富村”称号的决定》。指出 :“1993 年，北井子镇獐岛村干部群众团结一心，顽强拼搏，两个文明建设取得了令人瞩目的成绩。全村农民人均收入达 5000 元，是全市农民人均收入的 3.5 倍，成为全市农民人均收入最高的村。为鼓励先进，市委、市政府决定授予獐岛村‘东港市首富村’称号，并授予牌匾一块。”同年3月3日，在东港市委、市政府召开的全市农村工作会议上，獐岛村正式获得“东港市首富村”牌匾。

2004年争取6.7万亩浅海资源使用权

獐岛村拥有浅海资源使用权7.8万亩，其中6.7万亩于1993年被岛外人员承包经营。1998年5月，村党支部、村委会收回浅海资源使用权。班子成员先后多次到丹东市、东港市的主管部门反映村民的合理诉求，并联名给省委、省人大、省政府、省政协写陈述信。2004年，省政府责成丹东市、东港市两级政府分几次划拨给獐岛村6.7万亩浅海资源的使用权。獐岛村遂将据理争取到的浅海资源合理配置使用，将其中一部分用于开发贝类养殖，不仅壮大了集体经济，增加了渔民收入，而且还为獐岛实现可持续发展提供了保障。

2011年《獐岛风情》获第二届中国村歌优秀奖

2011年1月16日，由中国大众音乐协会、中国合作经济学会农村社区小康建设专业委员会主办的“让世界听到中国幸福乡村声音”全国优秀村歌会演暨第二届中国村歌十大金曲揭晓文艺晚会在北京人民大会堂隆重举行。由东港市文化馆选送的赞美美丽乡村獐岛的村歌《獐岛风情》，以其鲜明的地域特色和优美的旋律，从全国各地收集、整理的1200余首村歌作品中脱颖而出，荣获第二届中国村歌优秀奖，并被收入由全国村歌大赛组委会编辑的《中国优秀村歌集（第二卷）》中。在全国范围内获此殊荣的优秀村歌仅60首。《獐岛风情》由中国音乐著作权协会会员、东港农民词作家柳鸿裕作词，并获词作品优秀奖；由东港市音乐家协会主席、东港市文化馆副馆长鞠长虹谱曲，并获歌曲铜奖。村党支部副书

《獐岛风情》入围中国村歌金曲提名奖奖杯

记张吉庆、村委会成员张义以及东港市文化局、文化馆领导、《獐岛风情》词曲作者应邀参加了颁奖仪式。

◉ 获得“全国民主法治示范村”“中国最美乡村”等称号

獐岛村从2004年开始推进“民主法治示范村”创建工作。于2012年10月，被中华人民共和国司法部、民政部正式命名为“全国民主法治示范村”。

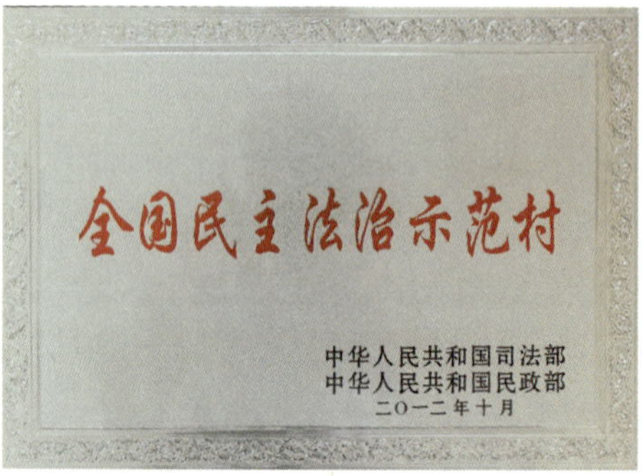

全国民主法治示范村铭牌

2013年11月13日，农业部办公厅印发《关于公布“美丽乡村”创建试点乡村名单的通知》。其中所公布的“美丽乡村”创建试点村名单中，獐岛村名列其中。辽宁省获此殊荣的仅獐岛等少数几个行政村。

全国生态文化村铭牌

2014年9月，中国生态文化协会发布《关于授予“全国生态文化村”和“全国生态文化示范基地”称号的决定》，在被授予的109个“全国生态文化村”中，獐岛村名列其中。这些生态文化村的产生，是根据《“全国生态文化村”遴选命名管理办法》的规定，经各省、自治区、直辖市林业厅（局），各级生态文化协会推荐，中国生态文化协会秘书处初审，专家评审会评审后认定的。

全国休闲农业与乡村旅游示范点铭牌

2014年12月，中国旅游协会休闲农业与乡村旅游分会印发《关于公布2014年全国休闲农业与乡村旅游星级示范创建企业（园区）名单的函》，在已评选出的191家全国休闲农业与乡村旅游星级示范创建企业（园区）名单中，獐岛村被评为五星级休闲农业与乡村旅游示范创建企业（园区）。全国 69 万余个行政村中，获此最高级别殊荣的仅有 46 个。

2014 年 12 月 11 日，农业部办公厅印发《关于公布全国休闲渔业示范基地（第三批）名单的通知》，在所授予的 132 家“全国休闲渔业示范基地”中，东港市北井子镇獐岛村名列其中。

全国休闲渔业示范基地铭牌

2015 年 10 月，在农业部举行的 2015 中国最美休闲乡村推介活动中，獐岛村被评定为“中国最美休闲乡村”。 此次评定的全国 120 个“中国最美休闲乡村”中，包括特色民居村 33 个、特色民俗村 30 个、现代新村 38 个、历史古村 19 个。辽宁省共有 5 个村榜上有名，其中，獐岛村是全省唯一上榜的特色民俗村。此前的 7 月 5 日下午至 6 日上午，由中央人民广播电台中国广播之声等新闻媒体举办的“东港美丽乡村行”活动，在獐岛村进行。

2016 全国十佳休闲农庄奖杯

2016 年 12 月 19 日，农业部农村社会事业发展中心和中国旅游协会休闲农业与乡村旅游分会发布《关于公布 2016 全国十佳休闲农庄、2016 中国最美休闲农庄、星级示范企业的通知》（以下简称《通知》）。《通知》指出：“经全国休闲农业与乡村旅游星级企业（园区）评审委员会评定，獐岛村被国家农业部农村社会事业发展中心、中国旅游协会休闲农业与乡村旅游分会评定为‘2016 全国十佳休闲农庄’”。

2017 年 11 月 2 月，獐岛村在全国休闲渔业品牌发布活动中，被中国农业部评为中国最美渔村。

国家级最美渔村铭牌

◉ 2017 年獐岛景区被评为国家 AAAA 级旅游景区

自 2008 年 12 月獐岛旅游景区被评定为国家 AAA 级旅游景区之后，历经 8 年不懈努力，顺利实现晋级。2017 年 2 月 10 日，辽宁省旅游景区质量等级评定委员会发布公告指出，依照中华人民共和国国家标准《旅游景区质量等级的划分与评定》及《旅游景区质量等级管理办法》，经有关市旅游景区质量等级评定机构推荐，辽宁省旅游景区质量等级评定委员会组织评定，獐岛旅游景区等 22 家旅游景区达到国家 AAAA 级旅游景区标准要求，批准为国家 AAAA 级旅游景区。

国家 AAAA 级旅游景区铭牌

附录

该附录共收录3类资料,一是《村规民约》及《村规民约》补充条款,二是《獐岛景区景观质量报告》,三是《地方志书、年鉴记载獐岛辑录》。

獐岛民风淳朴,社会治安良好,这和獐岛村有一个好的《村规民约》,并成为村民的自觉习惯,有很大关系。在志的记述中不宜展开,收在附录中,以利继续遵守和完善。

獐岛景区是国家AAAA级旅游景区。獐岛景区旅游品味突出,旅游资源独特,科学价值、文化价值和历史价值在国内外均具有代表意义。将《獐岛景区景观质量报告》收在附录中,意在让岛外客人更准确地了解獐岛,警示獐岛人保护资源、尊重规律,更好地发展旅游业。

直笔著信史,彰善引风气。獐岛被地方志记载的文字最早可见于1921年编纂的《凤城县志》,继后从《丹东市志》《东沟县志》《东港市志(1986—2005)》到《东港年鉴》都对獐岛予以真实的记录。这些史料,富有价值,在此作为附录编入。

獐岛村《村规民约》《獐岛景区景观质量报告》《地方志书、年鉴记载獐岛辑录》，富有史料价值，特附录辑存。

◉ 村规民约

獐岛村《村规民约》

为确保村民实行自我管理，自我教育，自我服务的原则，推动我村发展，促进三个文明建设，依据《村民委员会组织法》及有关法律、法规、结合本村实际，经党员大会讨论通过，民主制定。

本《村规民约》是在党的现行政策和国家法律法规范围内，在村党支部领导下，由村民委员会具体组织实施，管理本村政治，经济，文化及其他社会事务。本规定共十二章五十条，是全体村民的行为规范，无论党员，干部、群众必须严格遵守，人人平等，人在户不在的外来户也应严格遵守。

第一章　政治思想

1. 村民必须在思想上和行动上同党中央保持一致、拥护中国共产党领导，认真执行党在农村的各项方针政策。爱党、爱国、爱社会主义、爱集体、爱獐岛。

2. 自觉学习科学文化和法律、法规等知识。

第二章　村民义务

3. 遵守《村规民约》，执行村民户代表决议和村两委会的决定。及时参加村两委会主持的相关会议。

4. 按时完成村委会分配的各项任务，积极参加抗洪抢险、救灾、募捐等活动。

5. 团结互助，尊老爱幼，自觉维护社会稳定和集体利益，同一切危害、破坏村民利益的行为做斗争。

第三章　社会治安

6. 每个村民都要自觉学习法律、法规，做到知法、懂法、守法，敢于同一切违法犯罪行为做斗争，做一个遵纪守法、维护社会稳定、促进经济发展的合格村民。

7. 村民之间，团结友爱，和睦相处，不打架斗殴、酗酒滋事、侮辱诽谤他人、造谣惑众、搬弄是非，做到不利于团结的话不讲、不利于团结的事不做。

8. 自觉维护社会治安和公共安全，不扰乱公共秩序，不妨碍公务人员执行公务，不无理取闹，私自或聚众上访。

9. 严禁偷窃，哄抢国家、集体、个人财务，严禁赌博，替犯罪分子隐藏赃物，要积极向办案人员提供方便条件，线索等。（一票否决）

10. 爱护公共财物，不准破坏、损坏供水、供电、交通、通信、生产等公共设施，严禁乱砍盗伐树木和花草。

11. 严禁卖淫嫖娼，或为其提供场所，严禁出售、传播淫秽物品，不准调戏妇女，遵守社会公德。（一票否决）

12. 严禁在拦海坝前取沙石料。生活等一切垃圾、污水严禁倒入坝下。

13. 公路和公路两侧严禁堆放渔网、杂草、杂物、建筑用品等。

14. 加强防火安全检查，定期维修火、电、气等相关设施，杜绝安全事故的发生。

15. 坚决杜绝重、特大刑事治安案件。（一票否决）

16. 严禁参加或参与非法宗教等邪教组织。（一票否决）

17. 严禁打、骂村干部，村干部因工作遭受报复并造成损失的，如果查不清楚，由村集体赔偿一切损失。

第四章　计划生育

18. 计划生育是我国基本国策，全体村民要认真执行国家计划生育条例。

19. 不准在计划生育中徇私舞弊、弄虚作假。（一票否决）

第五章　婚姻家庭

20. 全体村民要正确树立婚姻自由、男女平等、尊老爱幼的社会主义婚姻家庭观，并遵守社会公德和家庭美德。

21. 夫妻之间应互敬互爱、互帮互助、平等和睦，共同承担起赡养老人、抚养教育好子女的法律责任和道德义务。

22. 严禁非法同居及充当第三者破坏他人家庭。

23. 禁止虐待老人，子女必须尊重老人，尽赡养义务，保证老人每个月都有零用钱，并及时解决老人的衣着、取暖、生病就医等一切生活费用问题。

24. 要正确看待老人再婚问题。任何人都不准以任何借口干涉老人再婚，应真正关心、体贴、理解、支持老人的选择，使老人幸福地安度晚年。

第六章　移风易俗破除迷信

25. 提倡社会主义精神文明，移风易俗，相信科学，不参与各种封建迷信活动。

26. 树立良好家风，不搞宗派、家族活动，严禁利用家族势力造谣惑众，影响社会稳定。

27. 言行文明，不悬挂带有迷信色彩、伤风败俗的图像，不听、看迷信书刊、影像等。

28. 弘扬见义勇为精神，主持公道，伸张正义，扶正祛邪，扬善惩恶，敢于挺身而出同危害社会治安、损害国家和人民生命财产行为做斗争。

第七章　邻里关系

29. 邻里之间要互相尊重、关照，相互支持、帮助，友好往来，和睦相处。

30. 家庭娱乐活动要有节制，晚间燃放烟花时间不准超过 21 点，节日除外。露天歌舞时间不准超过 22 点，不能影响邻居休息。

31. 宾馆、饭店、旅店严禁用不正当手段拉客，严禁欺客、宰客。

32. 饭旅店、食杂店等服务行业，应严格执行村委会制定的物价标准，不准私自抬高或降低餐饮、住宿、商品、食品等价格，保持价格基本统一。

33. 搞好环境卫生，不乱扔杂物，不乱倒脏水、垃圾，由此发生纠纷，乱倒者负主要责任。严禁将垃圾、粪便投放到海边或非垃圾存放点。

34. 邻里间发生纠纷的，要采取友好协商、多做自我批评的办法加以解决。能自行调解的，自行调解；不能自行调解的，要请求政府和组织帮助解决。不能仗势欺人，强迫他人。对不听劝阻无理取闹的人，交由公安机关处理。

35. 邻里之间因所有权归属不清的，应申请当地政府合理裁定。因宅基地等边界不清的应合理划清界限，相邻共同使用的空地、道路、院墙以及其他宅基地上的附属物，相邻一方不得独占或擅自处理。

36. 相邻各方对于自然流水的排放，应当尊重流水自然形成的方向，相邻各方在修建房屋和其他建筑时，必须与邻居保持适当的距离，不得妨碍邻居的通风和采光。在建筑有损人身体健康的建筑物时，要注意防护措施。并要保持适当的距离。

第八章　文教卫生

37. 要重视教育，遵守、普及九年义务教育制度，不准以各种理由让子女辍学。子女自愿辍学的，家长要积极配合有关部门，做好思想工作。

38. 要讲究家庭卫生和个人卫生，不随地吐痰，乱扔杂物，不乱泼乱倒，乱贴乱画，不私搭私建，乱堆乱放。

39. 搞好公共环境卫生，街道两侧除种花外，不准栽种其他农作物，更不准在街道两侧和街道上堆放任何物品。街道和排水沟，任何住户不得私自侵占和破坏。

40. 保护水资源，节约用水，不准擅自用自来水浇地。

41. 凡子女从高中考入大专以上的学校的，一次性给予奖学金。具体标准为：专科1000 元，三本 1500 元，二本 2000 元，一本省重点 2500 元、国家重点 5000 元，考入清华大学和北京大学两所大学奖励 10000 元。

第九章　土地管理

42. 本村所有土地，都属于集体所有，村委会统一管理，依法使用者只有使用权，没有所有权。

43. 村民使用的菜地等，村委会使用时，应无条件倒出，服从村委会安排。

44. 村民无论建房还是临时建筑，必须符合条件（村镇规划）。提出申请，经村委会批准后，方可动工，否则一律不准乱占乱建，批准后一年内建房有效。

第十章　拥军优属

45. 接受国防教育，增强国防观念，积极参加村民兵组织的各项活动，履行民兵义务。

46. 适龄青年要按《中华人民共和国宪法》和《中华人民共和国兵役法》规定，踊跃参军。子女参军期间，享受村民同等待遇。

47. 维护祖国尊严，不做有损人格、国格的事。

第十一章　实施办法

48. 本《村规民约》在全体村民、全体党员监督下实施。

第十二章　奖励和处罚

49. 村委会对见义勇为（经上级有关部门评定）和对社会有重大贡献、对本村经济有突出贡献（例招商引资）的村民，给予重奖。

50. 实行一票否决制，凡违反第 9、11 条取消当事人全家当年的福利待遇。违反 15、16、19 条取消当事人全家三年的福利待遇，其他条款如有违反视情节给予处罚。本村规民约与 2007 年 6 月 12 日经第九届村民委员会全体户代表第一次会议讨论通过并实施。

北井子镇獐岛村第九届村民委员会

2007 年 6 月 12 日

补充条款

1. 为了维护獐岛村的环境，打造一个优美的旅游环境，临近主要街道和前滩住户必须在自家解决排污井，一律禁止向街道的排水沟和海里直接排污（洗浴用水，生活污水等），否则发现一次处以 500 元罚款。

2. 任何村民都不准在柏油道，石板道上堆积自家的任何物资、垃圾等。

3. 任何村民不准在柏油路、石板路上和水泥路等路上做有损路面的行为。

4. 发现一次破坏柏油路和石板路的事件，视情节轻重，每次给予 1000~5000 元罚款。

5. 广大村民要自觉爱护村容村貌，维护集体财产安全完整，发现有损我村村容村貌的事件每人都有权及时制止上报。

6. 獐岛的集体财产是全村百姓的集体财产，每个人都要关心爱护，特别是更要爱护村容村貌，从而才能打造美丽的獐岛，好的村容村貌才能吸引更多游客，创造更多效益。人人护岛，爱岛，獐岛才能发展。

7. 根据村委会历次会议要求，我村村民一律不准养狗，一经发现严厉处罚，但仍有部分村民擅自养狗。为了进一步加强管理和教育，发现有养狗者即处 500 元罚款，养狗户要立即把自家狗送出岛外，逾期不送者，一天罚款 500 元，3 天后还不送走者，取消其福利待遇，凡擅自养狗者将取消其福利待遇。

8. 为了獐岛村的发展和长治久安，獐岛村村民过世后必须报到村委会，向村委会申请地点，经村委会同意后方可土葬。土葬地点主要以观察哨东和西大旺西两侧村指定地点各家主坟，在居民生活区的主坟今后不准埋。自家主坟没地方要报村委员会统一安排指定地点，不得乱葬，特别是居民生活区和村建规划地带，一律不准安葬。

9. 现已形成的孤坟，村建开发需要时，由村委会负责安置后迁走。

10. 对以上不服从管理者，村里报上级民政主管部门后，对其户口在本村所有儿女及家庭成员取消其所有的福利待遇，直到其把坟迁移至村委会指定地点后恢复待遇。

11. 对新迁入的主坟管理同上。

12. 对人在户不在突然在獐岛过世的，村里给予交通上方便，安排船只，费用自理。私自葬在獐岛的收取 2 万元占地费，且不得乱葬，要报到村里，由村里指定地点，否则村里报上级民政主管部门后平地罚款。

13. 对陆地过世人口偷埋獐岛的一经发现要接受处罚。

14. 关于外来人口及户口在本村外嫁姑娘购房办理房产等证件及申请宅基地的不予办理。

15. 对我村户在人在的村民今后的补贴分三种补贴方式：绿化美化补贴；环境治理补贴；出岛车船交通补贴。以上三种补贴方式凡是有不达标或不参与的，由村委会负责在补贴中扣除（凡年满 18 周岁至 60 周岁间的村民必须参与村委会组织的各项活动）。

16. 取消户口在本村，不在本村居住的村民的一切补贴（包括 2011 年当年的补贴）；自 2012 年 1 月 1 日起取消村已婚出嫁到我村以外的姑娘及随母落户到我村子女的全部补贴；自2012年1月1日起，对已婚出嫁到本村以外的姑娘的子女一律不予落户到本村；已婚的男性且父母房屋仍在本村，两口子或单人在外打工，如村委会组织活动，本人不能参与时，家庭其他成员不得顶替时，不享受该类型的补贴；村内未婚女性在外地打工应享受应得的补贴。父母在本村，且本人户口在本村的男性，但不为本村尽义务的不给任何补贴。

17. 取消从 2011 年起以后獐岛村分红事宜。

18. 凡是来岛的建筑人员及暂住人员必须持身份证到村治安办做好登记。

19. 凡是外来务工人员在岛内暂住期间，必须遵守国家相关的治安管理规定及獐岛村《村规民约》。

20. 外来建筑工程人员在为村民搞建筑前必须经獐岛村民委员会有关人员到现场察看认可后方可施工（室内装修除外），否则要承担相关责任，并且獐岛旅游公司在交通费上不予优惠。

21. 为确保獐岛村村民及来岛游客的生命安全，杜绝无证车辆营运，规范车辆营运秩序，特制定车辆管理规定如下：禁止超载运输；禁止货车拉人；禁止车辆接送游客；禁止车辆在游客上下船高峰时运行；禁止在5月1日至10月1日期间不按规定路线行驶；禁止不按村委会规定为村民拉运货物及建筑材料堆放在街道或公共场所；禁止车辆提前进入旅游码头停放；禁止旅游旺季晚7点后进入前广场和早5点前在街道行使。

以上各车辆如有违规，每次罚款300~500元。禁止一个车主同时存在两台车（其中一台在接到通知后一个星期内运至岛外，否则每天处该车主100元罚款）。

22.2011年起封闭村里所有的公共水井。

23. 封闭所有街道旁直接排入水沟流入海里的污水口，村民污水一律在自家院里挖污水井。所有村民不得向入海的水沟倒污水。

24. 如有不执行上述规定者，一经发现严惩不怠。

25. 经村委会研究决定，对全村各饭旅店要求如下：要保证游客的饮食安全，各旅店为旅客提供的饮食要保证卫生和质量；各旅店要维护好周围环境卫生，也要教育好来店旅客爱护公共卫生和环境；各旅店要诚信经营，不准欺客宰客诈客，互相压价来扰乱市场秩序。要服从村里为其制定的参考价格，不得高于村里的指导价格。如有投诉，一经核实严惩不贷；各旅店要告知旅客烟花的燃放规定和时间地点；各旅店今后一律不准在室外（包括自家院外）搞卡拉OK活动等影响周围邻居休息的活动，所有娱乐活动一律在自家的室内进行，或者到村指定场所，违者每次罚款500元；要告知旅客正确的发船时间，和旅游公司沟通好，尽量做到不提前清房退房，缓解等船的焦急心情以及旅游客运压力；举行篝火晚会要和村里治安办联系。

26. 獐岛村今后开展由村委组织的村民集体参加的活动（包括各种会议），以记工的形式给予报酬。（活动前两天由村委会以广播形式提前通知，户在人不在村民由其在村里亲属负责通知。18周岁以下、60周岁以上村民可以不参加。特殊情况下的活动由村委会临时决定。）

27. 嫁入我村的外籍女性村民，自户籍迁入本村之日起，1~5年内，分别享受獐岛村正常村民福利待遇的50%、60%、70%、80%、90%，5年后（即第6年）正常享受獐岛村民福利待遇。未满5年如果离婚，自离婚之日起，取消其所有福利待遇。未满10年离婚，自离婚之日起享受5年福利待遇，且按年递减（分别90% 、80%、70%、60%、50%）5年后不再享受本村任何福利待遇。

28. 各户要把各自房前屋后的各种垃圾全部清理干净。

29. 各户的草垛和柴垛要全部搬到自家院内。

30. 施工中的建筑材料要堆放整齐，不能影响人员和车辆通行，建筑垃圾要及时清理干净。

31. 在街道和其他公共场所堆放的网具等物品即日起各自收回，逾期不收回者按无主处理。

32. 各户的垃圾要按环保人员指定位置倾倒，塑料袋等易漂浮的垃圾要及时焚毁。

33. 从 2013 年 6 月 22 日起，免去獐岛村所有村民的出行船票，在检票口设立专门通道管理进出村民，要求全体村民进出岛必须服从检票人员管理，文明乘船、候船，不得随意进出港口，旺季不得和游客抢行，一切以安全为重，游客为先。不服从管理的村民将取消其此项待遇。

34. 对于獐岛村村民的外嫁姑娘、女婿，在外工作的子女，姑娘的公公，婆婆，村民岳父、岳母来岛票价为 20 元。我村村民乘坐摩托艇按整票收费。

35. 到岛打工人员单程票为 30 元，到岛要持身份证到岛内检票人员处办理登记，并要把身份证存在检票人员处，出岛时领证购票，没按以上程序购票的不享受优惠。

36. 挂机旺季仍然实行星期一、星期五为各超市进货制度。平时各超市进货，饭旅店进货也要客货分离，同时各超市不得经营易燃易爆物品（手摇花、孔明灯也不行）。如有发现全部没收，并处以 2000 元罚款。

37. 为加强獐岛村饭旅店管理，打造景区良好服务形象，一律严禁饭旅店到后口码头、主道沿线拉客，各店主迎接游客的要持身份证。不得欺客、宰客，对本岛没承包外地的酒店实行挂牌制度，一律统一标挂“獐岛渔家乐酒店”标志，村里统一宣传，统一监督。经村委会研究，针对前滩环境和安全等问题做出如下规定：

38. 各超市、小摊点（特别是前滩的超市，摊点）一律不准经营孔明灯、手摇花等有害环境和安全的易燃易爆物品，一经发现有经营的全部没收，并处以 2000 元以上罚款，小摊取消其资格，超市上报管理部门处理。

39. 为促进和谐，打造良好景区形象，提高服务质量，另涉及村集体规划暂时不能实施，村委会根据发展投入变化，各饭旅店的卫生管理费用将上调 2 倍（大型酒店按 3 倍收取），要求各饭旅店的卫生间、厕所免费开放（特别是前滩的各饭旅店），为游客提供方便，对积极响应村里号召的饭旅店，且有明显开放标志的，村里在年底收取卫生管理费时将给予考虑。

40. 前滩各烧烤摊点的垃圾由各自摊点负责清理，不准乱倒乱放，也不准倒入前滩的分类的新垃圾桶内，对清理不干净和乱倒乱放的要处以 2000 元以上罚款，并取消其摊位。

41. 出租游乐设施的必须符合安全标准，使用不合格产品后果自负。

42. 根据獐岛景区发展需要，将申请 AAAA 至 AAAAA 级景区，因为彩钢建筑严重不符合申请标准，为此，獐岛村决定将逐步淘汰彩钢建筑。

43. 根据村两委会议研究决定，今后凡村民申请新住房，必须和四邻签好协议后，方可向村里提交申请，并且建房必须向村里提交申请，待村里根据规划情况批复后方可施工。

44. 为加强景区生态环境建设，封山育林，防火防盗，规范管理，杜绝偷割盗伐现象发生，打造一流生态休闲海岛景区，经村两委会研究决定，从 2014 年起对防火隔离带由村集体统一清理整治，每户给予 30 捆引火草。自决定发布之日起，任何人不得擅自上山割草，一经发现，罚款 2000 元，上山搂草也只限于环岛路搂树叶，越过环岛路搂草罚款 1000 元，拿刀上山罚款 2000 元（除村里另有要求的防火事宜等）。

北井子镇獐岛村第十届村民委员会

2012 年 1 月 8 日

◉ 申报国家 AAAA 级风景区

獐岛景区景观质量报告 [①]

獐岛景区陆域面积 0.96 平方公里，大孤山省级风景名胜区的重要组成部分，因中国万里海疆第一岛而蜚声海内外，以大面积优质沙滩、民风淳朴、盛产海鲜而被游人称为“世外桃源”。獐岛景区旅游品位突出，旅游资源独特，科学价值、文化价值和历史价值在国内外均具有代表意义。东港市委、市政府对獐岛景区创国家 AAAA 级旅游

申报书

① 摘自《中国最美休闲乡村全国生态休闲海岛獐岛村申报国家 AAAA 级风景区申报书》。

景区的工作相当重视，已纳入全市年初工作计划当中，并专门组建了“獐岛景区评定领导小组”，由旅游局、北井子镇政府、獐岛村委会等相关单位主要领导参加，对景区资源和景观市场进行了详细、系统的评估，具体报告如下：

一、资源要素价值评估

1. 游憩价值

獐岛景区海水清澈碧绿，沙滩广阔平缓，植物茂盛，自然景观奇特，有很高的游览、观赏、体验价值和科学研究价值。獐岛景区位于北纬39° 43′，东经123° 43′。景区环抱于黄海之中，为中国海岸线最北端起点的岛屿。獐岛旅游资源丰富且独具特色。自然、人文旅游景观令游客在休闲、度假和领略自然风光的同时，解读一部海岛史书，体会其丰富的文化内涵。獐岛景区是集旅游观光、历史科考、休闲度假为一体的海岛型风景名胜区。

獐岛景区内游憩活动海洋特色鲜明，渔家文化特色浓厚。以“吃渔家饭、住渔家屋、干渔家活、观渔家景”为主要内容的“渔家乐”旅游活动，真正让游客感受海岛渔家的乐趣。有原汁原味的“正月渔家乐”“渔家赶海”“做渔家人”等系列活动，通过观海岛风光，尝渔家特色风味餐，住渔家的大火炕，参入渔村民间活动（民间大秧歌、渔家号子、渔家祭海、妈祖香缘等活动），购买渔家风味土特产，与渔民一起赶海、垂钓、拾贝，使游人与渔村、渔家、渔民融为一体，感受渔民纯朴的风俗和浓郁的渔家亲情，万顷碧波中的绿色海岛伴着“大海边，渔家姑娘织渔网”的迷人风景，带给游人永久的回忆。

獐岛景区动植物资源特别是海产品资源极为丰富，旅游品位独特。景区地处北温带，属于半湿润性季风气候，具有海洋气候特点，冬无严寒，夏无酷暑，四季分明，雨热同季。景区环抱于黄海之中，气候温和湿润，雨量充沛，非常适合植物生长，绿化覆盖率达90%以上。乘船接近獐岛，郁郁葱葱的翠绿，将整个岛屿装扮成碧海蓝天中的一块绿色宝石，芳草的清香和着海的咸湿，令人心旷神怡，宛如进入了世外仙境。

獐岛景区所处的东港市为鸭绿江入海口，景区离龙态河入海口也仅5海里左右距离，“江、河、海”三大水系形成的独特的咸度非常适合海产品的生长。岛上海产品丰富，品种齐全，四季不断，来岛游人随时可品尝到刚打出海的新鲜海味。

景区内有各种鱼类、贝类、虾类百余种，仅贝类就有30余种之多。景区盛产对虾、海蟹、青虾、各种海水鱼类、贝类和味美的大马哈鱼等。其中尤以“獐岛八珍”和“八鲜”而闻名。“八珍”有梭子蟹 、文蛤 、对虾、海螺、蛤仔、牡蛎、海蜇、竹蛏，这八珍都有很好的药用价值，在《中国食疗大典》中分别有记载。“八鲜”有褐牙鲆、鲐鱼、蓝点马鲛、石鲽、梭鱼、鲈鱼、带鱼、孔鳐。美味的海鲜让多少游客留恋于獐岛而不思归途。2013 年獐岛贝鱼类生态系统被评为省级文化遗产。

獐岛景区海产品营养丰富，质量极高，常年出口韩国、日本等地。

獐岛海水清澈、碧绿，矿化度极高，特别是对皮肤病的医治有奇效。金沙滩海滨浴场纵深 1 公里，海沙呈金黄色，坡降只有 1.5 米，海底无礁石，是我国北部最大的天然沙滩海滨浴场之一，也是全国少有的天然优质浴场。

2. 景观奇特性

獐岛妈祖庙系唐代古刹，与大孤山古庙齐名，向来为沿海渔民祈福求安之圣地，每年农历三月二十三日妈祖娘娘生辰，朝拜者甚众。娘娘、财神、龙王等诸神于庙中，香火缭绕、人声鼎沸、樯篷林立、烟波浩渺。

獐岛景区是晨观日出的好地方。每当有雾之晨或雨后初雾，这里的云层就会显现出一座山的轮廓，山腰以下全部淹没在云里，只有几处高峰露出云端，呈暗绿色，如一条巨蟒盘踞在云海之中。更为难得的是时遇气候、光线、山雾等条件偶合，还会出现罕见的“佛光”：即人立山顶之上，脚下云烟滚滚，而自己的影子却映射到云海之上，并有两层或一层光环镶嵌在影子上，如果身临其境，就会望景息心，超凡脱尘，似幻似真，犹如身居虚幻缥缈的仙境之中。这种佛光同山东蓬莱的海市蜃楼景观是同一道理，当地人传闻，看到佛光之人此生必将大福大贵。

3. 历史文化科学价值

獐岛景区历史、文化、科学价值极高，其主要依据如下：

（1）历史文化价值

抗日战争和解放战争及建国初期，獐岛是国家重要的海防前哨，目前存在防空洞、炮台、瞭望台多处遗址，吸引了大量游客前来寻访。

（2）生态科考价值

獐岛景区的芦苇湿地是鸭绿江口国家级湿地的重要组成部分，是大洋洲候鸟迁徙的中途站。1997 年经国务院批准为国家级湿地自然保护区，保护区内系统健全，功能多样，景观完善，生物多样丰富。拥有植物 344 种、鸟类 240 种、鱼类 88 种、两栖类动物 3 种、哺乳类动物 6 种、两栖类动物 74 种、浮游生物 54 种，是一个不可多得的生物多样性基地。

保护区鸟类资源十分丰富，每年在此越冬、迁徙、栖息的鸟类种类数量达百万只以上。最大鸟群达12万只，景象十分壮观。其中，国家一级保护鸟类有丹顶鹤、白鹤、白鹳等8种；国家二级保护鸟类有大天鹅、白额雁、小杓鹬等29种；世界濒危鸟类如黑嘴鸥、斑背大苇莺等也在此栖息和繁育。在中日、中澳候鸟保护协定中分别占有114种和42种。1999年7月25日，鸭绿江口国家级湿地自然保护区被湿地国际亚太管委会正式列入东亚—澳大利亚涉禽网络，具有极高的国际生态科考价值。

4. 规模与风度

獐岛景区资源实体规模宏大、配置齐备，各类旅游要素构成完整。夜晚的獐岛景区，竞相开放的大朵礼花，火树银花、异彩纷呈。扭秧歌、唱卡拉OK、猜灯谜、沙滩篝火晚会、涮烤海鲜等，使人乐不思蜀。獐岛景区自然与人文景观相互协调，游览与体验紧密融合，形成了“中国万里海疆第一岛”独特的规模质量与风度。

5. 完整性

獐岛景区自开发建设以来，严格遵照辽宁省批准的《辽宁省大孤山风景名胜区总体规划》和《獐岛总体规划》开发建设，对自然和人文景观进行科学保护、严格管理，有效地保持了景区资源实体的完整性。

二、景观市场价值评估

1. 知名度

獐岛景区地处中国万里海疆北端起点端第一岛，吸引众多游客前来观光旅游。景区内的芦苇湿地游览区是鸭绿江口国家级湿地自然保护区组成部分，被国际亚太管委会正式列入东亚—澳大利亚涉禽网络，具有极高的国际生态科考价值。獐岛景区以其风姿绰约的自然和人文环境二备受游人喜爱，每年沈阳、吉林、黑龙江等全国各地以及日本、韩国、俄罗斯、美国等国内外游客络绎不绝，年接待海外游客可达3.1万人，知名度极高。

2. 美誉度

獐岛景区经过多年来的开发建设，经过即抓基础设施建设又抓景区综合素质建设的不懈努力，受到了95%以上游客和绝大多数专业人员的普遍赞美。

3. 市场影响力

獐岛景区客源市场主要为辽宁内陆城市和吉林、黑龙江等地，年接待国内外游客达20万人次。自然与历史相融的珍贵景观资源，古朴与现代交织浪漫的海岛风情和巨大的生态科考价值，不断吸引着韩国、朝鲜、日本、澳大利亚、俄罗斯等国家的游客慕名前来。

4. 适游期

獐岛冬可赏海岛树挂景观、做冰雕、品渔家饭菜，过渔家春节；春可踏青、赏花、采山野菜，观日出日落，休闲度假；夏可冲浪、洗海澡、晒日光浴，避暑疗养；秋可垂钓、赶海、拾贝，出海打鱼，做一天渔民，体验浓郁的渔家风俗。交通便捷，冬季有破冰船进出岛，破冰而行，非常壮观。“吃、住、行、游、娱、购”旅游六要素齐备，一年四季均可游。

◉ 地方志、年鉴记载獐岛辑录

民国《凤城县志》辑录

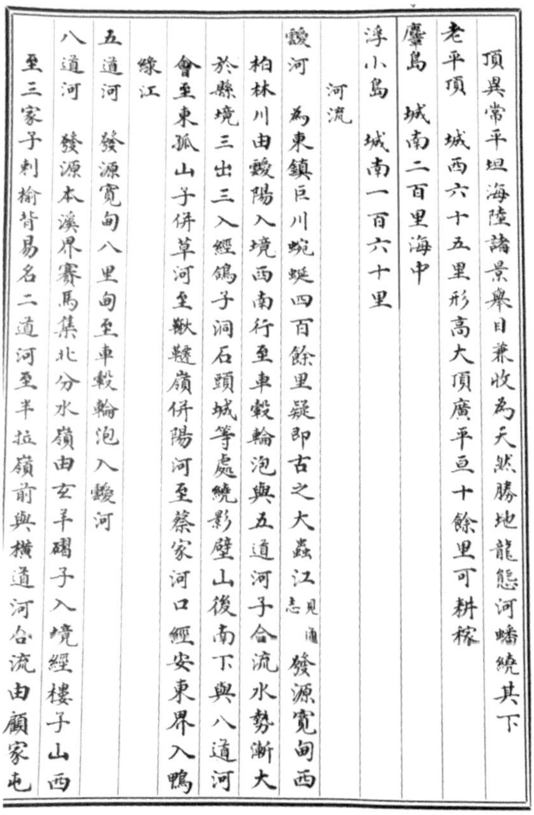

頂異常平坦海陸諸景舉目兼收為天然勝地龍態河蟠繞其下

老平頂　城西六十五里形高大頂廣平亘十餘里可耕稼

麞島　城南二百里海中

浮小島　城南一百六十里

河流

靉河　為東鎮巨川蜿蜒四百餘里疑即古之大蟲江見通志發源寬甸西柏林川由靉陽入境西南行至車轂輪泡與五道河子合流水勢漸大於縣境三出三入經鴿子洞石頭城等處繞影壁山後南下與八道河會至東孤山子併草河至歎韆嶺併陽河至蔡家河口經安東界入鴨綠江

五道河　發源寬甸八里甸至車轂輪泡入靉河

八道河　發源本溪界賽馬集北分水嶺由玄羊碣子入境經樓子山西至三家子刺榆背易名二道河至半拉嶺前與橫道河合流由顧家屯

地理志・山脉目记载了獐岛

［摘自民国《凤城县志（1921）》第25页］

《东沟县志》辑录

1951 年 9 月 24 日，午后 1 时，海上侦察船接獐岛渔民张文山报告：一机帆船 4 名敌特在窟窿山劫走 5 名渔民。海上侦察船遂追击，敌弃船涉水向新海村方向逃遁，于瓦窑子屯被民兵捕获。缴获卡宾枪 1 支、自动步枪木柄 3 个、手榴弹 2 枚、望远镜 1 架、子弹 343 发、刺刀 1 把。

（摘自《东沟县志》大事记第 45 页）

1977 年 9 月，北井子公社獐岛民兵连同驻岛部队举行军民坚守防御综合战斗演习，并为驻县境守备 2 师、丹东军分区和县委领导做汇报表演，女炮兵班操炮射击发发命中目标。

（摘自《东沟县志》第二十三篇军事第 830 页）

《东港市志（1986—2005）》辑录

獐岛（小鹿岛）　位于大鹿岛东部，隶属北井子镇。地理坐标为北纬 39° 47′，东经 123° 48′。面积 0.96 平方公里。四周有酥坨子、绵羊礁、鹰嘴石、半拉坨子 10 余个礁石。岛子前后为港区，主峰海拔 71.1 米，前缓后陡。岛内无耕地，是以渔业为主的行政村，距北井子镇政府直线距离 11 公里。

［摘自《东港市志（1986—2005）》第二篇自然环境与自然灾害第 40 页］

獐岛渔港　位于獐岛的北口。港口固定顺岸码头长 40 米，简易护岸堤 72 米。水域面积 7500 平方米，陆域面积 1440 平方米，有水产品加工设施。20 世纪 90 年代初，渔港码头扩建 100 延长米，港面扩建 2 000 平方米。扩建后的码头，可泊渔船 140 只，卸货量达 1.5 万吨。陆域有油库、水塔和水产品加工等设施。

［摘自《东港市志（1986—2005）》第九篇第一产业第 234 页］

《丹东市志》辑录

獐岛渔港　位于北井子镇獐岛村，依岛岸建成，水域面积 7500 平方米，陆域面积 1440 平方米，建有简易护岸 72 延长米，卸货台 30 米，1 个泊位，暂无供油设施，供井水，设有水产品收购点，年收购量 700 多吨。港池水深最大 2. 54 米，最小 1.5 米，是丹东地区唯一的深水渔港。

（摘自《丹东市志》第 5 卷渔业篇第 192 页）

獐岛（小鹿岛）　地理位置为北纬 39° 47′，东经 123° 49′，东为双峰岛，西为大鹿岛，北与兴隆山隔海相望。岛呈马蹄状，东西走向，面积为 0.9 平方公里，四周有酥坨子、绵羊礁、鹰嘴石、半拉坨子等十几个礁石。岛的前口、后口为港区。岛上主峰海拔71.1米，前坡较缓、后坡陡峭。岛上居民有482人，101户，属北井子镇一个行政建制村。岛上主要产业为渔业、贝类养殖和养貂。

（摘自《丹东市志》第1卷自然环境篇第470页）

《丹东市政区概况》辑录

獐岛位于东港市北井子镇南海面，是中国万里海疆"第一岛"。陆域面积约0.96平方公里，风光秀丽、环境优雅，气候宜人，空气清新，岛上民风淳朴，当地特色的"渔家乐"别有情调。这里海产丰富，盛产海蛎子、蚬子、螃蟹、海蜇、鱼、虾等，尤以海蛎子个大、味美、价廉而闻名。獐岛的突出特点是，潮落时连为一个岛，涨潮时被分成六个岛。岛上怪石嶙峋，礁石高低错落，疏密有致，极为幽静，是垂钓者的天堂。獐岛每年都吸引大量中外游客到这里观潮、听涛、赶海、洗浴。著名的獐岛八景以及海岛民俗风情、自然风光让人流连忘返。

（摘自《丹东市政区概况》第21页）

獐岛风景区为国家AAA级风景名胜区，位于北井子镇南黄海之中，是中国万里海疆北端第一岛。景区面积0.96平方公里。2011年，接待游客5.3万人次，旅游收入0.44亿元。

（摘自《丹东市政区概况》第304页）

《东港乡镇概况》辑录

1956—1996年北井子镇部分公用房建筑统计表

表3

建筑项目	楼层	建筑面积（平方米）	竣工时间	坐落位置
獐岛小学	1	521	1990	獐岛村东口
獐岛村办公楼	3	760	1995	獐岛村
獐岛村宾馆	3	1300	1996	獐岛村

摘自东港市档案馆《东港乡镇概况》第350页）

首富村——獐岛　獐岛村是一个只有0.96平方公里，160户，520人的海岛渔村。1949年春，建起小学校。1970年，建起村卫生所。1988年，村委会用60万元公积金为全村通上电；1992年，投资20万元，为全村安上自来水；1994年，投资70万元，为全村80%住户安程控电话，人均住房面积达到24平方米。80%的家庭都购置了彩色电视机，卡拉 OK 也走进农民家庭。1995 年，为全村渔民办理养老保险，解除后顾之忧。岛上“文明户”、“遵纪守法户”达 95% 以上，多次被东港市委评为“精神文明村”称号。1996 年，全村人均收入达 11724 元，连续 5 年被东港市人民政府评为“首富村”和“小康村”。如今他们形成贝类养殖、海上捕捞、船舶修造、水产品加工、渔需品供应为一体的一条龙综合性生产服务体系。

贝类养殖 全村共有滩涂 533 公顷，现已开发利用 400 公顷，养殖杂色蛤、文蛤、沙蚬子等，年产量达 6000 多吨，产值达 1000 万元，创汇 200 多万元。

捕捞业 渔村共有 30 余只渔船，年捕捞千吨以上，创产值 300 万元。

旅游业 村委会先后投资 140 余万元，兴建旅游景点，购置旅游船 1 艘，游艇 2 艘。1995 年投资 120 万元兴建 1 座 1200 平方米的豪华宾馆，旅游业年收入在 100 万元以上。

商饮服务业 村委会积极引寻渔民兴办个体工商业。小杂店发展到 9 家，饮食服务业已发展到 10 家。个体户 50 多户，年收入 300 多万元。

（摘自东港市档案馆《东港乡镇概况》1998 年第 351~352 页）

《东港年鉴》辑录

獐岛景区 獐岛景区位于北井子镇獐岛村。距孤山镇 21 海里，距北井子镇 7 海里，景区面积 15 平方公里，其中陆域面积约 0.96 平方公里。居民 159 户、579 人，以捕捞和养殖海产品为主要经济收入。该岛山青崖秀，海景引人入胜，一望无际的黄海海面与天相连，碧波汹涌；成群的海鸥飞翔蓝天，戏碧水，追逐波浪，日则白帆似云朵点点，夜来渔光、星光不辨。海滩辽阔，奇礁怪石破浪生花，组成一幅优美动人的自然景观。主要景点有：长滩破浪、翠嵌金滩、飞浪击礁、碧波轻钓、紫碧山庄。其中翠嵌金滩格外引人，位于獐岛南坡海滨有贝雕园和海洋生物展览馆，很有观赏价值。

[摘自《东港年鉴（1997）》第 284 页]

獐岛 獐岛是东港市北井子镇的一个渔村，位于北纬 39° 47′，东经 123° 49′。东为双峰岛，西为大鹿岛，北与兴隆山隔海相望，獐岛由 6 个坨子组成，总面积 0.96 平方公里，大坨子是獐岛的主岛，东西长 1.2 公里，全村有 159 户人家，共 530 人。獐岛有许多的传说，岛内外曾盛传，獐岛与鹿岛是杨二郎赶山填海时，不慎从扁担上掉下的两座山形成的。此外还有“猿人观海”“半拉坨子”“鹰嘴石”“鳖脖子”等。

北井子—獐岛乘船时间表

表 4

日期	初一	初二	初三	初四	初五	初六	初七	
农历	十六	十七	十八	十九	二十	廿一	廿二	
时间	7:00	7:30	9:00	9:30	10:00	11:10	12:00	
日期	初八	初九	初十	十一	十二	十三	十四	十五
农历	廿三	廿四	廿五	廿六	廿七	廿八	廿九	三十
时间	12:30	13:00	15:00	16:00	16:30	7:00 19:00	7:30 19:30	8:00 20:00

［摘自《东港年鉴（2002）》第 308 页］

獐岛景区 世外桃源哪里找，请来东港獐岛。獐岛素有世外桃源的美誉，是中国黄海第一岛。风光自然，山色秀丽，环境柔静。在这里与渔民同吃、同住、一起捕捞赶海，感受大海与渔民的亲情，到大海去冲浪，吃顿亲手捕捉的海鲜，别有一番情调。岛上有一尊海神娘娘的雕像，传说她特有灵气，每天到这里进香、烧纸、朝拜、祈祷的人们络绎不绝。由于这里的民风淳朴，风光诱人，吸引了大批诗人和画家来此吟诗作画。

［摘自《东港年鉴（2014）》第 4 页］

◉ 主要参考文献

1. 沈国冕等修，蒋龄益等纂：民国《凤城县志》，《辽宁旧方志·丹东卷》，辽宁民族出版社，2003 年。

2. 关定保等修，于云峰纂：民国《安东县志》，《辽宁旧方志·丹东卷》，辽宁民族出版社，2003 年。

3. 许敬文主编：《东沟县志》，辽宁人民出版社，1996 年。

4. 东港市地方志编纂委员会编：《东港市志（1986—2005）》，沈阳出版社，2015 年。

5. 丹东市民政局、丹东市地方志办公室编：《丹东市政区概况》，沈阳出版社，2014 年。

6. 杨光编：《东港文化丛书》，中国文联出版社，2006 年。

7. 汪仁本、岳长文编著：《黄海明珠——大鹿岛》，大连出版社，1998 年。

◉ 编纂始末

按照中国地方志指导小组办公室关于《中国名村志文化工程实施方案》精神，《中国名村志丛书·獐岛村志》（以下简称《獐岛村志》）历经8个多月紧张有序的编纂，终于付梓。

编修名村志，是一项系统浩繁的文化工程。自2017年3月《獐岛村志》编纂工程启动以来，大致经历了人员配备、资料收集、志稿撰写、总纂合成和送审验收等几个阶段。在编纂过程中，编纂人员先后6次进驻獐岛，采访岛上的知情人和当事者280余人（次）；还多次到丹东、东港市档案馆、图书馆翻阅收集与村志编纂有关的文献资料。共收集到文字或口碑资料800余份、图片资料千余幅。在此基础上，将獐岛之历史，悉心梳理，考证掌故，缀录旧闻，突出獐岛的海洋捕捞业和海岛旅游业的名和特，兼顾基本村情，设置了海角獐岛·魅力渔村、基本村情、海岛旅游、渔业生产、风情风物、艺文杂记、乡贤人物、大事纪略、附录类目，按照写作纲目，进行分工编纂。成稿后，又随文配上了多幅照片、图画，让读者品獐岛文化，读渔村故事，领略海岛魅力。

《獐岛村志》凝聚了编纂人员的大量心血和汗水，是集体智慧和力量的结晶。编辑人员平均年龄67岁，最大的72岁，都是聘用的退休老同志。他们不畏艰辛，几乎没有节假日，连续奋战，终于使书稿列入全国首批出版的名村志丛书。

《獐岛村志》得以付梓，是辽宁省、丹东市、东港市党委和政府领导高度重视的结果，是中国地方志指导小组办公室、辽宁省地方志办公室、丹东市地方志办公室、东港市史志办公室精心指导的结果。《獐岛村志》在资料收集和志稿编写过程中，得到了市、县相关部门和单位的热情帮助，特别是得到獐岛村干部、村民的全力支持，在此一并表示谢忱。因本书中所选照片及诗词文章众多，部分作品未能在出版前及时联系到著作权人，请著作权人看到后与我们联系，我们将奉上稿酬。

“金无足赤，文无至善。”由于《獐岛村志》所记载的史实历史跨度较长，涉及的自然与社会、历史与现状的方方面面内容较多，加之时间仓促，编纂者水平有限，难免会有一些疏漏和错讹，敬请方志大家和各位读者批评指正。

编　者

2017 年 9 月 30 日

霞光万丈看獐岛